THOMAS FRÖHLING

OSTFRIESLAND

THOMAS FRÖHLING

OSTFRIESLAND

GEEST, GEZEITEN, GUMMISTIEFEL

Koehlers Verlagsgesellschaft
Hamburg

Bildnachweis
Inhalt: © Thomas Fröhling, soweit nicht anders angegeben.
Umschlag: © Thomas Fröhling

Ein Gesamtverzeichnis der lieferbaren Titel schicken wir Ihnen gerne zu.
Bitte senden Sie eine E-Mail mit Ihrer Adresse an:
vertrieb@koehler-books.de
Sie finden uns auch im Internet unter: www.koehler-books.de

Bibliografische Information der Deutschen Nationalbibliothek
Die Deutsche Nationalbibliothek verzeichnet diese Publikation in der Deutschen Nationalbibliografie; detaillierte bibliografische Daten sind im Internet über http://dnb.d-nb.de abrufbar.

ISBN 978-3-7822-1098-0
Koehlers Verlagsgesellschaft, Hamburg

Redaktionelle Mitarbeit: Sarah Stammen
Produktion: Nicole Laka
Druck und Bindung: DZS Grafik, Slowenien

INHALT

OSTFRIESLAND

einzigartig

Abschied oder Romantik in den Häfen entlang der Küste: Wasser hat stets eine anziehende Wirkung.

Die Nordseeküste hat ihre Reize: kilometerlange Sandstrände, romantische Buchten, Dünenlandschaften und Inseln. Was will man mehr? Das Wetter als unberechenbarer Risikofaktor sollte außen vor bleiben. Denn auch bei nicht so gutem Wetter entfalten unsere Küsten ihren ganz persönlichen Charme.
Stellen Sie sich einen Spaziergang am Strand vor, schön mummelig eingepackt, das Meer braust an den Strand oder die tosenden Wellen klatschen gegen die Küste. Ein Erlebnis, das Sie nicht vergessen werden. Hinterher ein Glas Glühwein oder Tee wärmt ungemein.

SEELE BAUMELN LASSEN

Zum Abschalten, Erholen und Genießen stehen die Strände an der Nordsee in nichts den klassischen Urlaubszielen im Ausland nach. Die einen lassen auf die Ostfriesischen Inseln nichts kommen, andere schwören auf die Promenaden der mondänen Badeorte auf den Inseln. Für jeden sollte etwas dabei sein.
Die Nordsee mit dem »Blanken Hans« – dem Sturm, und dem Sechs-Stunden-Takt der Gezeiten, oder die endlosen Felder und Wiesen. Der weite Blick über das Land. Dazu die salzhaltige Luft und immer einen kühlen Windhauch um die Nase. Das ist Ostfriesland. Das Land so rau wie seine Bewohner. Hinzu kommt überall gelebte Geschichte aus der Zeit der Familienfehde, des Widerstands gegen die Obrigkeit oder die Hanse. Mit Piraten machte man gemeinsame Sache, doch stets stand der Ostfriese erdverwachsen seinen Mann, wenn es gegen Ungerechtigkeit oder Sanktionen ging.

NORDSEE – RAU UND SCHÖN ZUGLEICH

Ebbe und Flut haben ihren Reiz. Wattwanderer wissen die ursprüngliche Natur zu schätzen, erkunden mit erfahrenen Führern die einzigartige Landschaft, wenn sich das Wasser für sechs Stunden aus dem Staub macht. Die salzhaltige Luft, das raue und gesunde Klima machen den Kopf frei. Der Blick über das weite Meer lädt die Sinne zum Verweilen ein, das Gemüt lässt sich von der Ruhe gefangen nehmen.
Von der holländischen Küste bis rauf nach Dänemark liegen die ost- und nordfriesischen Inseln: Borkum, Juist, Norderney, Baltrum, Langeoog, Spiekeroog und Wangerooge sowie Helgoland als Hochseeinsel, 40 Kilometer von der Küste entfernt.

Das Denkmal des »Alten Fritz« bei Emden

FAMILIENURLAUB AN DER NORDSEE

Die Nordsee ist ruppig und schön zugleich. Ideal geeignet für den Wassersport wie Surfen, Segeln und neuerdings das Kitesurfen. Besonders für Kinder ist die milde Brandung optimal, der Salzgehalt des Wassers ist mit

der Zeit vergessen. Von Emden bis nach Hooksiel hat dieser Landstrich eine ganz besondere Faszination.
Ostfriesland besticht durch seine vielen Binnenseen, die Meere und Kanäle. Zahlreiche Baggerseen laden zum Erholen ein. Und wenn der Strand nicht dort ist, wo man ihn gerne hätte, dann baut man ihn hinter den Deich. So wie in Upleward in der Krummhörn. In dem kleinen Ort befindet sich das Strandfeeling am Deichfuß – Ostfriesen sind erfinderisch. Dazwischen kleine und flach gebaute Küstenorte, die malerisch und urtypisch daherkommen. Keine Hotelburgen, sondern familiär angehauchte Orte mit heimischem und gemütlichem Flair. Charakteristisch sind die Friesenhäuser und die großen Bauernhöfe, in denen man wunderschön Familienurlaub verbringen kann. Die urigen Dörfer wie Pilsum, Uttum oder Pewsum leben die ostfriesische Tradition, von der der Urlauber sofort gefangen wird. Und so wortkarg und verstockt, wie es den Ostfriesen oft nachgesagt wird, sind die Menschen hier gar nicht. Wer erst mal ihr Herz geöffnet hat, wird dort auch immer seinen Platz finden. Man muss sie mögen und verstehen.
Ein Abstecher auf die Ostfriesischen Inseln lohnt sich immer. Direkt vor der Haustür und mit der Fähre schnell erreichbar bieten die sieben Schönheiten für jeden Geschmack etwas: Ruhe und Weite auf Juist, Wangerooge oder Spiekeroog, das pralle Leben auf Norderney oder Borkum. Für Kinder ist ein Inselurlaub die Erfüllung – egal ob im mondänen Strandhotel oder mit dem Zelt in den Dünen.

OSTFRIESLAND

Als alles begann …

»Moin« – damit fängt alles an und hört alles auf. Ostfriesen grüßen zu jeder Tageszeit in dieser Form. Der kurze Gruß ist fast das Einzige, was an der Küste nicht von Ebbe und Flut und somit vom Mond abhängt. »Moin« ist keine genuschelte Abkürzung für »Guten Morgen«, sondern bedeutet »moi« – oder hochdeutsch »schön«. Das trifft auch auf das Land zu. Schön ist es hier.

Die Krummhörn ist der nordwestlichste Teil Ostfrieslands zwischen Emden und Greetsiel. Das »krumme Kap«, eine bogenförmige Küstenlinie mit allerhand Sehenswürdigkeiten. Kenner dieser Gegend schwärmen poetisch von der Schönheit und der beruhigenden Melancholie der Stille. Dort, wo Mühlen reden und sich Bäume verbeugen. Wo das Meer kommt und geht, und die Bauern einmal Fürsten waren.

WILDES, REICHES OSTFRIESLAND

Mit eiserner Hand regierten die »Cirksenas« und die »tom Brook«, etwa zur gleichen Zeit, als Seeräuber Klaus Störtebeker von Marienhafe aus sein Unwesen trieb. Reiche Bauern mit großen Gulfhöfen bildeten das Zentrum der damaligen Lebenskultur. Es war Ostfrieslands wildeste Zeit. Machthungrige Häuptlingsfamilien lieferten sich blutige Fehden, Seeräuber machten an der Küste Jagd auf jedes Schiff – und mit den Häuptlingen oftmals gemeinsame Sache. Jedenfalls bis 1744, als der letzte der Cirksena-Sippe starb und Friedrich der Große die Geschicke in die Hand nahm.

In Greetsiel zeugen alte Giebelhäuser vom ehemaligen Reichtum des Fischerdorfes. Die Kutterflotte ist auf ein Minimum zusammengeschrumpft. Einstige Fischer verdienen ihr Geld nun mit Touristenfahrten. In den Netzen ist alles, immer weniger aber die kleinen Garnelen, die hier Granat heißen und nicht nur in Ostfriesland eine Delikatesse sind.

Eine der kleinsten Fähren an der Küste, die von Petkum (bei Emden) nach Jemgum (Rheiderland) quer über die Ems fährt.

KUTTERFRISCH AUS MAROKKO

Das Geschäft mit den Krabben ist fest in holländischer Hand. Sie kaufen die Fänge auf, gondeln sie zum Pulen nach Marokko, mit dem Lkw tagelang wieder zurück, um sie dann als »kutterfrisch« am Hafen zu verkaufen. Dieser Wahnsinn stammt ausnahmsweise nicht von den Ostfriesen. Das urige Volk malt aber Leuchttürme rot-gelb an, um den gebürtigen Emder Komiker Otto Waalkes in seinen Filmen dort wohnen zu lassen. Noch heute klopfen Menschen an den Turm in der Hoffnung, Otto schaue durch den Türspalt. Der aber wohnt schon lange in Hamburg und kümmert sich um seine Scheidungen. Stattdessen geben sich Trauwillige im Leuchtturm das Jawort. Oder bauen einen Badestrand hinter den Deich. Kein Ostfriesenwitz: In Upleward, einem der 18 Dörfer in der Krummhörn, haben die Touristiker den Strand hinter den Deich gebaut – mit Strandkörben, Klettergerüst und Imbissbude. Die Erklärung ist so einfach wie sinnvoll: Sand, den man bei Ebbe aufschüttet, ist spätestens nach der dritten Flut vom Meer weggetragen. Was dann bleibt, ist tiefgrauer Schlick, der zwar zum Wattwandern einlädt, aber eben nicht zum Baden – was sich auch schwierig gestaltet, wenn das Wasser bei Ebbe gar nicht da ist.

Einst Zufluchtsort für Seeräuber Störtebeker: der Kirchturm von Marienhafe

Außerdem hat der Deich immer noch die Funktion des Küstenschutzes. Ebbe und Flut wechseln sich zweimal am Tag ab, die Flut trifft zunehmend stärker an den

Die Mühle in Marienhafe. Vom Störtebeker-Turm hat man diesen grandiosen Blick über Ostfriesland.

Deich. Stürme und Orkane kratzen gefährlich an ihren Kronen. Eine Entwicklung des Klimawandels. Seit Jahren werden die Deiche erhöht, damit sich die Nordsee ihr Land nicht wiederholt. Genauso, wie es die Ostfriesen vor Hunderten Jahren betrieben haben, als sie Deiche bauten um das Land an der Nordsee.

WER HAT ANGST VORM »BLANKEN HANS«?

Als es Deiche noch nicht gab, lief bei Sturmflut das Ackerland über, holte das Vieh von den Weiden und vernichtete die Ernte. Schutz fanden Menschen und Tiere auf den Warfen – künstliche Hügel, in deren Mitte immer die Kirche steht. Man sagt den Ostfriesen eine gewisse Gottesfurcht nach – im Sturm liegt ihre Begründung. Die Gebete sollten den »Blanken Hans« besänftigen.

KRUMMHÖRN, DAS KRUMME KAP

Nur noch wenige Kutter gehen auf Fangreise. Der Ort Greetsiel war einst Standort der größen Kutterflotte.

Die Krummhörn, 1972 aus 19 selbstständigen Ortschaften entstanden, gehört zum Landkreis Aurich. Die Seehafenstadt Emden ist zwar nur einen Steinwurf entfernt, doch die Abneigung gegen die »Pottjekacker« aus der »Großstadt« spielt sicher auch nach Hunderten von Jahren eine gewichtige Rolle. Die knapp 12.000 Menschen wohnen in so urbanen wie wohlklingenden Dörfern namens Rysum, Loquard, Woltzeten, Pilsum oder Uttum. Jeder Ort ein Unikat mit langer Geschichte, engen Gassen, urtypischen Häusern und Menschen. Drumherum plattes Acker- und Weideland – soweit das Auge reicht. Mythos oder Ostfriesenwitz: Man könne dienstags schon sehen, wer sonntags zum Tee kommt.
In dem kleinen Ort Freepsum (370 Einwohner) befindet sich der tiefste Punkt der Republik mit 2,3 Metern unter dem Meeresspiegel. Deichbau hat immer Konjunktur.

ALLES ZIEMLICH PLATT

Alles in Ostfriesland ist platt – selbst die Sprache. Für den Außenstehenden ein Wortgemisch wie aus einer anderen Welt – etwa so, als wenn ein Bayer auf einen Sachsen trifft. Wenn der Ostfriese sich Mühe gibt, kann er sich auf Hochdeutsch verständigen. Aber warum sollte er das tun? Man sagt ihm eine gewisse Maulfaulheit und Verschwiegenheit nach. Es werden keine großen Worte gemacht. An der See spricht man nicht viel, das macht der Wind. Die Einsilbigkeit begründet sich in der Abgeschiedenheit und Einsamkeit des Landstrichs.

Wo das Land flach ist, müssen Kirchtürme nicht hoch sein. Die Kirchen als feste Burgen, für Gott und gegen Feinde gebaut, deren ärgster immer das Meer war. Die Kreuzkirche in Pilsum mit dem markanten Vieringsturm stammt aus dem 15. Jahrhundert, ihre Grotian-Orgel aus dem Jahr 1694. In der Rysumer Kirche steht eine der ältesten bespielbaren Orgeln der Welt, die auf das Jahr 1457 zurückgeht.

Genauso wie es immer weniger Fischer gibt, haben auch viele Landwirte Mähdrescher und Traktoren gegen Schraubenschlüssel und Hammer im Emder Volkswagenwerk eingetauscht – dem größten Arbeitgeber in der Region mit knapp 8.000 Beschäftigten.

EIN PERFEKTES REISEZIEL

Was bleibt ist der Tourismus – und da haben die Ostfriesen mit Greetsiel und Pewsum zwei Asse im Ärmel. Die Orte ziehen die Gäste an wie die Torte Bienen auf einem Sonntagsnachmittags-Kaffeetisch.

Mühlen sind das zentrale Bild in Ostfriesland. Viele blieben erhalten und können besichtigt werden.

In Pewsum trifft man auf Menschen, die in der Krummhörn das Sagen haben. Eigentlich sind es die Genossen der SPD, die den »Krummen Bogen« fest in ihrer Hand haben. Man muss schon sehr weit zurückschauen, um eine Opposition zu finden, die den Sozis hätte gefährlich werden können.

Im Rat der Krummhörn geht es nicht anders zu als in vergleichbaren Gremien: Hohe Arbeitslosenzahlen und Finanznöte drücken die Stimmung. Immer wieder geht es in langen Sitzungen darum, ob in Greetsiel ein neues Touristen-Zentrum gebaut werden soll. Bei »Greetland« teilen sich Meinungen und scheiden sich die Geister. Zwar ist man über jeden Gast froh, doch noch mehr Ferienhaus-Siedlungen, die im Sommer bunt, aber im Winter wie ausgestorbene Geisterstädte wirken, will man nicht. Parteiaustritte, Tumulte in den Sitzungen und zwei Lager, die gespaltener nicht sein können, machten dem Projekt schließlich den Garaus. Der Investor zog von dannen und weiß spätestens jetzt, dass Ostfriesland uneinnehmbar ist. Das war seit jeher so und wird wohl auch so bleiben. Volkes Stimme hatte gesprochen.

RUHE IN GREETSIEL

Seitdem ist in Greetsiel wieder Ruhe eingekehrt. Am Hafen treffen sich allabendlich die Dorfältesten und sinnieren über alte Zeiten und darüber, dass mit dem Fischfang nichts mehr los ist. In ihren von Wind und Wetter gegerbten Gesichtern haben sich Furchen und Krater eingebrannt, tief und unergründlich. Ihr Blick schweift aufs

Romantik an der Ems: die Fähre von Jemgum nach Petkum

Meer hinaus, weil sie wissen, dass dort irgendwo die Antwort auf alles liegt. Staunend schauen Touristen diesem Treiben zu. Sie gehen an den »Alten« vorbei, als seien diese Statuen in einem Museumskorridor. Sie können nicht verstehen, wie Ostfriesen ticken. Das können nur Menschen, die hier leben. Aber man kann es versuchen. Es dauert nur verdammt lange. Aber die Ostfriesen haben Zeit. Viel Zeit.

Heute prägen Windmühlen zur Stromgewinnung das Bild in Ostfriesland.

ÜBERBLICK

Mehr als nur plattes Land

Ostfriesland liegt im Nordwesten von Niedersachsen an der Nordsee. Es reicht von Emden an der Ems bis nach Friesland am Jadebusen im Osten und der Stadt Wilhelmshaven. Vorgelagert sind die sieben Ostfriesischen Inseln: Borkum (30,7 Quadratkilometer, 5.100 Einwohner), Juist (16,4 Quadratkilometer, 1.600 Einwohner), Norderney (26,3 Quadratkilometer, 5.800 Einwohner), Baltrum (6,5 Quadratkilometer, 550 Einwohner), Langeoog (19,7 Quadratkilometer, 1.700 Einwohner), Spiekeroog (18,3 Quadratkilometer, 800 Einwohner) und Wangerooge (8 Quadratkilometer, 1.300 Einwohner). Hinzu kommen vier kleine und unbewohnte Inseln (Lüttje Hörn bei Borkum, die Vogelschutzinsel Memmert und Kachelotplate bei Juist sowie Minsener Oog bei Wangerooge).

Das Land ist geprägt von saftigen Wiesen, Feldern, Marschen, Salzwiesen und Deichen, die seit jeher die Nordsee im Zaum halten. Eine ausgeprägte Vogel- und Pflanzenwelt, das Wattenmeer, die salzhaltige Luft und nicht zuletzt der besondere Menschenschlag der Ostfriesen lassen dieses Land so einzigartig sein.
Zweimal am Tag findet ein Spektakel der besonderen Art statt: Ebbe und Flut. Sechs Stunden braucht das Wasser, um das Wattenmeer freizugeben. Zeit für Wanderungen und Spaziergänge im Watt. Ein paar Stunden später hat die Nordsee sich das Land wiedergeholt.

EINE STADT UND DREI LANDKREISE

Die größte Stadt in Ostfriesland ist Emden mit knapp 50.000 Einwohnern. Hinzu kommen die Landkreise Aurich, Leer und Wittmund. Wilhelmshaven und der Landkreis Friesland mit der Stadt Jever und das Wangerland gehören nicht mehr zu Ostfriesland. Das Ammerland, Saterland, Emsland und auch das Cloppenburger Land liegen zwar auf der ostfriesischen Halbinsel – sind aber eigenständige Gebiete und haben mit dem ursprünglichen Ostfriesland nichts zu tun.
Etwa die Hälfte der Ostfriesen sprechen die Mundart Plattdeutsch – eine Mischung aus friesischen, niederländischen und englischen Wörtern. »Plattdüütsch« erfreut sich bleibender Beliebtheit und wird zum Teil an ostfriesischen Schulen gelehrt. Auch einige Behörden haben Plattdeutsch als Amtssprache eingeführt.

AMTSSPRACHE	Hochdeutsch
VOLKSSPRACHE	Plattdeutsch, Niederdeutsch
EINWOHNER	762.000, 4 % Ausländer
FLÄCHE	4.585 Quadratkilometer
GRÖSSTE STADT	Emden (50.000 Einwohner)
GRÖSSTE INSEL	Borkum, 30,7 Quadratkilometer
HÖCHSTER BERG	»Weiße Dühne« auf der Insel Spiekeroog (24,1 Meter)
TIEFSTER PUNKT	2,3 Meter unter Meeresspiegel – Freepsum (Krummhörn)
RELIGION	evangelisch-lutherisch (57 %), evangelisch-reformiert (17 %), katholisch (7 %)
ARBEITSLOSIGKEIT	ca. 13 Prozent
GRÖSSTE ARBEITGEBER	Volkswagenwerk/Emden – 8.000 Mitarbeiter (VW Passat), Enercon (Aurich/Windenergie). Landwirtschaft
TOURISMUS	www.ostfriesland.de

Die Burg in Hinte war einst Sitz
mächtiger Häuptlingsfamilien.

Eine der sieben Ostfriesischen Inseln: Borkum im Nordwesten – das größte der beliebten Urlaubsdomizile.

LANDWIRTSCHAFT UND TOURISMUS

Noch immer gehört die Landwirtschaft zu den Haupteinnahmequellen in Ostfriesland. Aber auch der Tourismus gewinnt immer mehr an Bedeutung. Neben dem Fischerdorf Greetsiel – dem bekanntesten in der Region – verbringen viele Gäste ihren Urlaub an der Küste und genießen das weite Land. Aber auch die Windenergie hat Einzug gehalten und sorgt für einen Aufschwung in der Region. In Aurich befindet sich das größte Windenergieunternehmen des Landes: Enercon. Vor der Insel Borkum entstand der erste deutsche Windpark im Meer. Seit 2013 werden etwa 200.000 Haushalte mit Strom aus Windenergie versorgt. In Ostfriesland stehen rund 900 Windkrafträder, die 74 Prozent des Stroms produzieren.

AUTOS FÜR DIE WELT

Der Autobauer Volkswagen hat in Emden eine Autofabrik und beschert damit der Region viele Arbeitsplätze. Über den Hafen der Stadt werden die Fahrzeuge weltweit verschifft. Am Rysumer Nacken – etwa zehn Kilometer von Emden entfernt – soll

Der Jobmotor in Emden: Das Volkswagenwerk produziert unter anderem den Passat Kombi.

ein neuer Hafen gebaut werden. Dort wird bereits Erdgas aus Norwegen angelandet und zu den Haushalten in ganz Deutschland verteilt. Die Stadt Leer an der Ems ist nach Hamburg der zweitgrößte Reedereisitz. Hunderte Schiffe werden von hier aus bereedert und weltweit auf die Reise geschickt. In der emsländischen Stadt Papenburg entstehen die größten Ozeanriesen der Welt. Über den kleinen Fluss Ems werden sie zur Nordsee überführt – jedesmal ein Schauspiel der besonderen Art, wenn die über 300 Meter langen Schiffe über den schmalen Fluss bugsiert werden.

In der einstigen Seehafenstadt Emden hat der Schiffbau keine Bedeutung mehr. In den vergangenen Jahren hat auch hier der Windanlagenbau den Neubau von Behörden- und Marineschiffen verdrängt. Seit vielen Jahren werden auch keine Frachtschiffe mehr gebaut. Lediglich zu Reparaturen kommen Schiffe nach Emden.

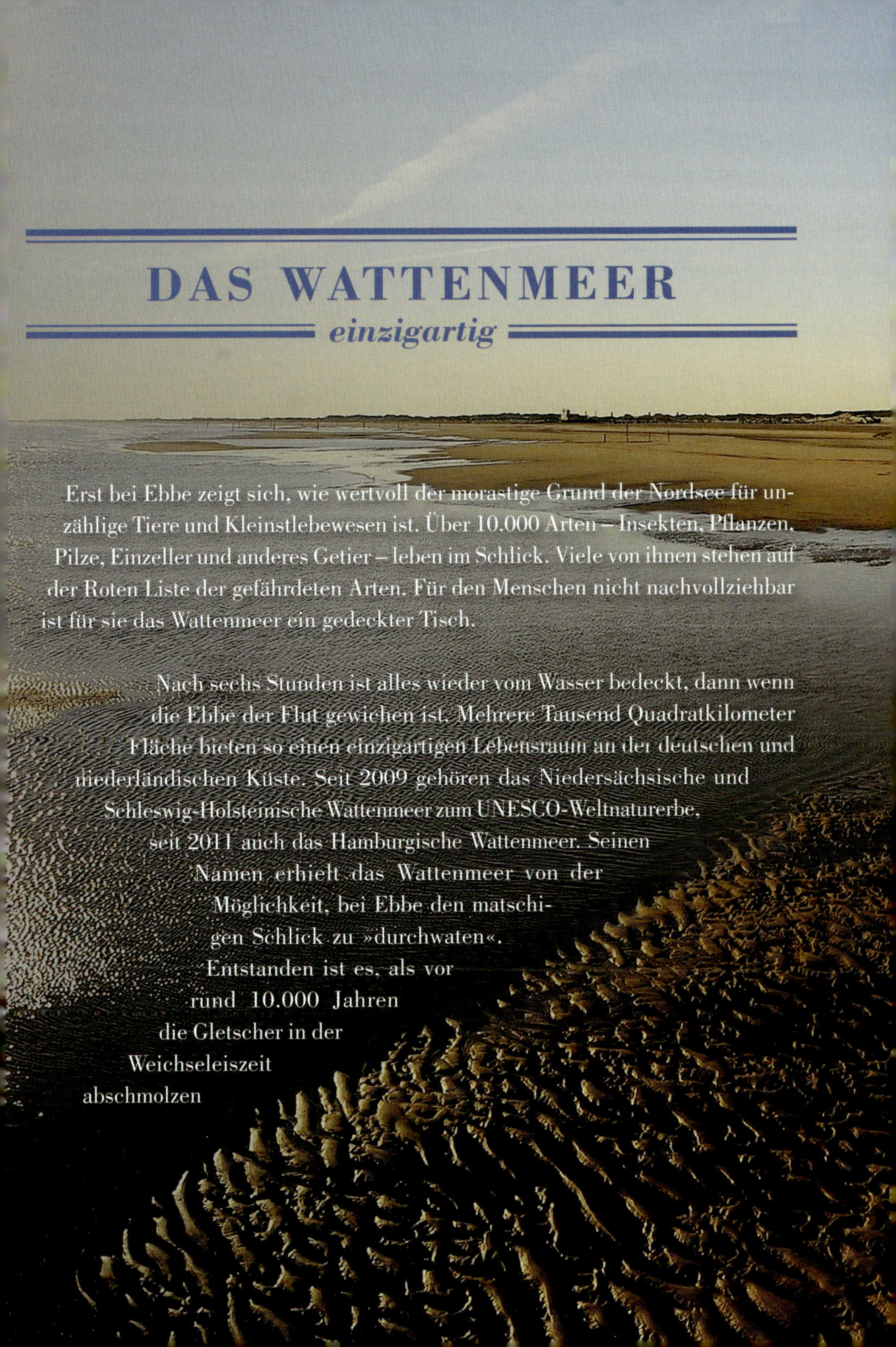

DAS WATTENMEER

einzigartig

Erst bei Ebbe zeigt sich, wie wertvoll der morastige Grund der Nordsee für unzählige Tiere und Kleinstlebewesen ist. Über 10.000 Arten – Insekten, Pflanzen, Pilze, Einzeller und anderes Getier – leben im Schlick. Viele von ihnen stehen auf der Roten Liste der gefährdeten Arten. Für den Menschen nicht nachvollziehbar ist für sie das Wattenmeer ein gedeckter Tisch.

Nach sechs Stunden ist alles wieder vom Wasser bedeckt, dann wenn die Ebbe der Flut gewichen ist. Mehrere Tausend Quadratkilometer Fläche bieten so einen einzigartigen Lebensraum an der deutschen und niederländischen Küste. Seit 2009 gehören das Niedersächsische und Schleswig-Holsteinische Wattenmeer zum UNESCO-Weltnaturerbe, seit 2011 auch das Hamburgische Wattenmeer. Seinen Namen erhielt das Wattenmeer von der Möglichkeit, bei Ebbe den matschigen Schlick zu »durchwaten«. Entstanden ist es, als vor rund 10.000 Jahren die Gletscher in der Weichseleiszeit abschmolzen und der Meeresspiegel anstieg. Das Festland wurde überschwemmt, Moore, Sümpfe und Bruchwälder entstanden. Das Watt, so haben Wissenschaftler herausgefunden, habe sich vor etwa 7.000 Jahren gebildet.

EINE WIESE AUS SALZ

Zwischen Watt und Vorland – kurz bevor Deiche das Binnenland schützen – bildeten sich die Salzwiesen; heute sind sie Vogelschutzgebiete und Brutstätten für unzählige gefiederte Küstenbewohner wie Brachvogel, Austernfischer oder Rotschenkel.

Zweimal am Tag zieht sich das Wasser vom Meeresboden zurück und gibt eine einzigartige Tierwelt frei.

Salzwiesen werden bei Flut vom Wasser bedeckt und haben in den Jahrhunderten gelernt, dem Salzwasser zu trotzen. Pflanzen speichern das Salz, um es später wieder abzugeben, oder scheiden es durch ihre Poren wieder aus.

Das Wattenmeer ist einzigartig. Es ist Lebensraum für zahllose Tiere, von der Kegelrobbe bis zum Wattwurm. Selbst kleinere Schweinswale werden gelegentlich gesichtet. Jedes Jahr nutzen zehn bis zwölf Millionen Vögel das nahrungsreiche Wattenmeer als Raststätte.

Landwirtschaft und Mühlen gehören seit jeher zusammen.

Menschen hingegen gelten im Wattengebiet als Sonderlinge, zumal dieser Lebensraum für menschliche Bedürfnisse eher ungeeignet ist. Nur zu Fuß und mit kundigen Wattführern lässt sich das schlammige Grau durchwaten.

DIE ETWAS ANDEREN PRIEL-BLUMEN

Nach der Ebbe füllen sich die tiefer gelegenen Priele (kleine Bäche im Wattenmeer) zuerst wieder mit Wasser. Nun sollten Wattwanderer den Rückzug antreten, bevor das Watt vollläuft und das Wasser den Rückweg abschneidet. Seenotretter erzählen die Geschichten, wenn Wanderer in letzter Minute aus dem Watt gerettet wurden, weil sie die Gezeiten unterschätzten. »Das Meer verzeiht nicht«, sagt ein Rettungsmann. Gefahrloser sind Wattenmeerhäuser, die Führungen und Lehrpfade für interessierte Besucher anbieten und die Notwendigkeit der Schutzmaßnahmen aufzeigen. Die Nationalparks sind in unterschiedliche Zonen eingeteilt, die entweder eingeschränkt oder gar nicht betreten werden dürfen – zum Schutz der seltenen und einzigartigen Tier- und Pflanzenwelt.

TEE

Das Getränk der Ostfriesen

Mit einer Tasse Tee fängt alles an und hört alles auf. Längst sind es nicht mehr die Nordlichter, die mit Tee getauft werden und die den »Landratten« weismachen wollen, das Gewächs gedeihe am besten an Deutschlands Küsten – vornehmlich im Wattenmeer. Nein, Tee ist »in«, »hipp« und alles. Es ist Durstlöscher, Nationalgetränk und Medizin.

WO KOMMT DER TEE HER

Viele Mythen und Legenden ranken sich um das Gewächs und darüber, dass es ein chinesischer Kaiser gewesen sein soll, der den Tee erfunden haben will. Unter einem Strauch soll er gesessen haben, als ein Blatt in seine Schale frisch gebrühten Wassers fiel. Die Geburt des Getränks, mit dem man vor allem Ostfriesen in Verbindung bringt.
Eines ist jedoch sicher: Der Tee kommt tatsächlich aus China und nicht aus Ostfriesland. Etwa 400 Jahre vor Christi Geburt boten die Chinesen ihren Gästen Tee als Getränk an. Nach und nach eroberte die Pflanze die Welt: Japan, Ceylon (Sri Lanka), die arabischen Länder und schließlich auch im 17. Jahrhundert Europa.

TEE: DIE WICHTIGSTEN SORTEN UND IHRE WIRKUNG

Aus den Blättern des Teestrauchs wird der Tee gewonnen, der für die aromatische Färbung sorgt und dessen Duft Freunde des Getränks immer wieder verzaubert. Tee ist eine Zeremonie, eine Lebenseinstellung und ein Helfer in der Not. Kein Vergleich zum hektisch durchgepressten Espresso in den Stehcafés.
Tee des afrikanischen Rotbuschstrauchs ist derzeit der Renner. Doch die Preise könnten steigen, war jüngst zu lesen, denn das Gewächs ist seltener geworden. Rooibostee ist eigentlich kein echter Tee, denn er wird nicht aus Blättern des Teestrauchs, sondern aus den Zweigen des Rotbuschstrauchs gewonnen. Er ist milder, enthält kein Koffein und keine Gerbstoffe.
Unzählige Mischungen und Tees mit aromatisierten Stoffen lassen keinen Wunsch offen. Dem Grüntee werden wahre Zauberkräfte nachgesagt. Er soll das Risiko von Karies mildern und sogar bestimmte Krebsarten verhindern oder zumindest lindern können. Er ist Medizin bei Kreislauf- und Herzerkrankungen.

OSTFRIESENTEE. EINE ERFINDUNG DER OSTFRIESEN?

Die Ostfriesen jedoch lassen nichts auf den Schwarztee kommen, der, wie Sie sich denken können, nicht im Wattenmeer wächst, sondern in wärmeren Gefilden. Bekannte Sorten sind Darjeeling, Assam, Ceylon oder Java. Verschiedene Tees werden sogar gemischt, so entsteht auch der kräftige Ostfriesentee, dem man sowieso heilende Wirkung nachsagt und der nicht nur den Ostfriesen ein langes Leben beschert. Besonders in Norddeutschland gehört die Tee-Zeremonie zum Alltag. In ländlichen

Gegenden ist es immer noch Brauch, dass Tee den ganzen Tag getrunken wird – mit großen Kandiszucker-Brocken und echter Sahne.
Wo es schwarzen Tee gibt, ist weißer Tee nicht weit. Seinen Namen verdankt er dem silberweißen Flaum, der die Teeknospe umgibt. Ihm werden ähnliche Eigenschaften wie dem Grüntee nachgesagt.

TEE AUS KRÄUTERN ODER FRÜCHTEN

Wer kennt sie nicht? Pfefferminz-, Kamille- oder Hagebuttentees? Dabei haben diese Mischungen sehr wenig mit Tee zu tun, denn die Grundlage sind nicht Teeblätter, sondern getrocknete Früchte und Pflanzen. Sie helfen bei kleineren Erkrankungen wie Magen- und Darmbeschwerden, dienen der Beruhigung (Salbeitee) oder lindern Erkältungskrankheiten (Melisse). Brennnessel hilft gegen Blasenentzündungen, und bei äußerlicher Anwendung dient Kamille zur Spülung blonder Haare und Hagebuttentee bei kleinen Wunden.

BEUTEL ODER LOSER TEE

Dabei ist es völlig unerheblich, ob Sie nun losen Tee aufbrühen oder auf die klassische Beutelware zurückgreifen. Der Tee stammt häufig aus der gleichen Pflückung. Der Teebeutel enthält jedoch kleinere Blattteile. In Ostfriesland, der Hochburg des Tees, ist die Benutzung von Teebeuteln ein kultureller Offenbarungseid. Hier gehört es sich, den losen Tee in einer vorgewärmten Kanne mit kochendem Wasser aufzugießen. Teebeutel werden – so sagen es Erzähler mehr oder minder witziger Ostfriesenwitze – zum Teebeutelweitwurf benutzt, was in grauer Vorzeit olympische Disziplin gewesen sein soll: So will es die Legende oder auch nicht.

Der Emder Hafen, wichtiger
Schifffahrtstandort im Nordwesten

NMF
5BWG2
IMO 9138367
TAURANGA
MONROVIA

KRUMMHÖRN

Krummhörn, das steht für die 18 kleinen, romantischen Warfendörfer mit niedlichen Gassen und einer bedeutenden Orgellandschaft. In den letzten Jahren sind im Rahmen eines Dorferneuerungsprogramms nahezu alle Dörfer modernisiert worden. Neue Pflasterung, Bänke und Laternen kamen zur richtigen Zeit, damit sich die urigen Dörfer in neuem Glanz zeigen. Ein Bummel durch die engen Straßen, entlang der Gulfhöfe, Kirchen und Mühlen vermittelt den Charme der früheren Zeit, als die Krummhörner noch mit Pferdefuhrwerken und Schubkarren ihrer Arbeit nachgingen.

GREETSIEL, DIE PUPPENSTUBE DER KRUMMHÖRN

In *Greetsiel*, der touristischen Hochburg der Ferienregion Krummhörn, befindet sich im typisch ostfriesischen Sielhafen die einst größte Krabbenkutterflotte Ostfrieslands. Insgesamt 27 Kutter sind hier beheimatet. Die schmucken Zwillingsmühlen sowie die historischen Giebelhäuser aus dem 17. und 18. Jahrhundert verleihen dem Ort einen ganz besonderen Charme. Aus diesem Grunde wird Greetsiel auch als ostfriesische Puppenstube bezeichnet. Beim Sturm Ende 2013 hat »Christian« die Kuppe einer der Zwillingsmühlen vom Dach geholt. Schreck für die Krummhörner, die seitdem ohne ihr Wahrzeichen sind. Aber Ostfriesen wären keine Ostfriesen, wenn sie sich in schweren Zeiten nicht zu helfen wüssten. Eine Spendenaktion mit Hilfsmitteln aus allen Teilen des Landes geben Zuversicht, dass auch die zweite Mühle bald wieder ihre Flügel in den Wind drehen kann.

Bekannt durch die Filme von Otto – der Pilsumer Leuchtturm

Foto: www.greestiel.de

Foto: Tourismus Greetsiel

Touristisch voll im Trend: der Ort Greetsiel. Keine Tour nach Ostfriesland führt an dem Hafenort vorbei.

Anziehungspunkt ist und bleibt der malerische Ort mit dem Sielhafen. Früher fielen die Kutter trocken, wenn bei Ebbe das Wasser aus dem Hafen floss. Seit einigen Jahren sorgt eine Schleuse in der Leybucht dafür, dass die Schiffe stets eine Handbreit Wasser unter dem Kiel haben.
Naturinteressierte sollten sich unbedingt im Nationalparkhaus über die heimische Tier- und Pflanzenwelt informieren. In einem alten Gulfhof präsentiert sich dort die vielfältige Natur im »Weltnaturerbe Wattenmeer«.

Rysum ist ein typisches Rundwarfendorf, das circa 15 Kilometer vor den Toren Emdens liegt. Warfendorf bedeutet, es liegt auf einem künstlich angelegten Hügel. Dieser »Hügel« diente lange vor dem Deichbau als einzig wirksamer Hochwasserschutz. Zeugnis dieser Zeit liefert auch der sogenannte Zingel, ein eingedeichter Wiesenbereich, der an die Warf angrenzt. In ihn wurden früher bei Hochwasser die Tiere getrieben, um auch sie vor den Fluten zu schützen.
Die Rysumer Kirche aus Tuff- und Backsteinen wurde im 15. Jahrhundert an den Turm aus dem 14. Jahrhundert angebaut, der von einer Vorgängerkirche stammt und laut Inschrift 1585 durchgreifend renoviert wurde. Im Innern befindet sich eine besondere Kostbarkeit: eine der ältesten spielbaren, im Grundbestand erhaltenen Orgeln der Welt. Sie erklingt seit über 500 Jahren im Gottesdienst und darüber hinaus bei vielen Konzerten, zu denen Orgelkenner von weither anreisen.

Das Dorf ***Groothusen*** in der Krummhörn war im frühen Mittelalter ein bedeutender Handelsplatz. Damals lag es, wie viele andere Orte der Krummhörn, unmittelbar an der Meeresbucht Sielmönken und war für die Schifffahrt nutzbar. Im Gotteshaus ist eine weiß-gold verzierte Wenthin-Orgel (1801) zu bewundern. Auch wird man durch ihren einzigartigen Klang verzaubert.

In Groothusen gab es drei Burgen, von denen heute nur noch eine, die Osterburg, übrig geblieben ist. Bewohnt von den Nachfahren der Häuptlingsfamilien Beninga und Kempe, befindet sich in ihr eine Sammlung bedeutender kulturhistorischer Gegenstände aus der Krummhörn.
Im waldähnlichen Lindenpark zücken Besucher gern ihre Kameras. Ein wunderschöner Ort, der so typisch ist wie die Krummhörn selbst.

Erkennungsmerkmal und Name am Bug eines Kutters

Malerisch rot-gelb geringelt und vom »ostfriesischen Götterboten Otto« bekannt gemacht, ist der ***Pilsumer Leuchtturm*** eins der beliebtesten Fotoobjekte Ostfrieslands. Das Leuchtfeuer entstand 1891 und ist elf Meter hoch. Anfangs sorgte

Auf dem Luftbild erkennt man die ringförmige Anordnung der Häuser um die Warf, auf der meist die Kirche steht und die bei Sturmflut als Zufluchtsort diente (Rysum in der Krummhörn bei Emden).

Alt und Neu nebeneinander: alte Windmühlen zum Malen des Getreides, neue Windmühlen zur Erzeugung von Strom (oben)

eine Petroleumdochtlampe für Licht, bis sie im Jahr 1900 durch ein Glühlicht und eine Optik ersetzt wurde. Bis 1915 führte das Leitfeuer die Schiffe durch die Emshörnrinne, wurde aber zum Beginn des Ersten Weltkriegs abgeschaltet, um zu verhindern, dass es auch feindlichen Schiffen den Weg wies. Nach dem Krieg verlor das Leuchtfeuer seine Bedeutung. Heute wird der Turm oft besichtigt, im Standesamtsstübchen unterm Dach können verliebte Paare sich das Jawort geben.

Von der Kreuzkirche aus dem 12. Jahrhundert hat man einen fantastischen Blick über das »Krumme Kap« bis auf die Nordsee und nach Emden. Dienstags und donnerstags fährt das Kanaltaxi von Greetsiel nach Pilsum.

Weniger romantisch, dafür äußerst modern und funktionell ist der *Campener Leuchtturm*. Der sogenannte Stahlfachwerkturm ist mit seinen 63 Metern der höchste Leuchtturm Deutschlands. Er wurde 1889/90 erbaut, und sein Leuchtfeuer leitet seitdem die Schiffe sicher an Borkum vorbei in die Emsmündung. Seine Bauweise ähnelt der des Eiffelturms in Paris und war damals, ebenso wie dieser mit seinem Fachwerk aus genieteten Eisenteilen, eine architektonische Neuheit. Im Maschinenraum steht noch einer der Dieselmotoren von 1906, die früher den Generator des Leuchtfeuers betrieben, und der heute noch funktionsfähig ist. Davor waren es Dampfmaschinen, die den notwendigen Strom erzeugten. Denn

zur Zeit der Wende vom 19. zum 20. Jahrhundert gab es hier noch keinen elektrischen Strom. Der Maschinenraum soll zu einem Seezeichenmuseum ausgebaut werden. Auch heute noch, im Zeitalter der satellitengestützten Navigationssysteme, ist der Turm nicht funktionslos. »Wenn alles ausfällt«, sagt der Mann vom Wasser- und Schifffahrtsamt, »haben wir den Turm noch.«
Wer sich anstrengt und die 308 Stufen bis zur unteren Galerie des Turms hinaufsteigt, kann mit einem Blick bis nach Borkum und Emden belohnt werden.

Im *Ostfriesischen Landwirtschaftsmuseum Campen* kann man die technische Revolution in der Landwirtschaft Ostfrieslands zwischen 1850 und 1950 erleben. In zwei denkmalgeschützten Gulfhöfen werden zahlreiche landwirtschaftliche Maschinen und Geräte ausgestellt und veranschaulichen eindrucksvoll den Wandel von der muskelbetriebenen zur vollautomatisierten Landwirtschaft.
Ein besonderes Augenmerk sollte man auf die Kirche im Ort werfen. Das Kuppelgewölbe und die Kanzel der Saalkirche aus dem 13. Jahrhundert sind sehr sehenswert.

Die Glocke von 1295 soll die älteste in ganz Ostfriesland sein. Sie ist der Stolz der 530 Einwohner.

Ein ostfriesischer Kutter mit ausliegendem Fanggeschirr

Freepsum ist ein typisches Krummhörner Dorf, erdverwachsen wie seine 430 Einwohner. Was den Ort so berühmt macht, ist eine Wiese. Aber eine besondere Wiese. Inmitten dieser steht ein Schild, ein besonderes Schild. Hier ist der tiefste Punkt der Republik. 2,30 Meter unter Normalnull würde bedeuten, dass es den Ort nicht gäbe, wären ringsherum keine Deiche.

Die »Hauptstadt« der Krummhörn ist *Pewsum* mit seinen 3.400 Einwohnern. Hier finden sich Verwaltung und alle wichtigen Einrichtungen in der Krummhörn. Daneben sollten Besucher die ehrwürdige Manningaburg besuchen. In der gelblich angemalten Wasserburg aus dem 15. Jahrhundert herrschte die Familie Manninga – eine Ausstellung erzählt ihre Geschichte und die der Krummhörn. Absolut sehenswert. Im Saal finden regelmäßig Veranstaltungen statt, im Trauzimmer werden Ehen geschlossen. Ein sehr schöner Ort zum Verweilen und Genießen.

Wann fällt er um?

Der schiefste Turm der Welt steht nicht – wie allgemein angenommen – im italienischen Pisa, sondern in: Ostfriesland. Wo auch sonst? Kein Ostfriesenwitz: Der Turm des Gotteshauses im Ort Suurhusen (Gemeinde Hinte) bei Emden neigt sich 5,19 Grad aus der Nulllinie. Das Bauwerk in Pisa »nur« 3,97 Grad. Diese Messung ist sogar amtlich und steht seit 2009 im Guinessbuch unter der Rubrik »most leaning towers« – die am stärksten geneigten Türme.

Wer nun denkt, dass das Bauwerk nur deshalb aus der Form fällt, weil die Ostfriesen keine stabilen Häuser bauen können, ist auf dem Irrweg. Einerseits bereitet der morastige Untergrund allen Häuslebauern in der Region großes Kopfzerbrechen. Auf der anderen Seite ist die damalige Bautechnik schuld an der starken Neigung.

2,43 Meter Überhang

Der Backsteinturm stammt aus dem 13. Jahrhundert und diente nicht nur als Gotteshaus. Anlässlich der Sturmfluten oder kriegerischen Auseinandersetzungen rivalisierender Familienclans suchten dort die Bewohner des 1.200-Seelen-Ortes Schutz vor den Wassermassen und Angriffen auf Leib und Leben. Erstmals 1885 wurde in der evangelischen Gemeinde festgestellt, dass mit dem Turm etwas nicht stimmt. Amtliche Messungen aus dem Jahr 1925 ermittelten, dass das Bauwerk bereits 1,13 Meter Überhang hatte und sich pro Jahr zwischen fünf und zehn Millimeter weiter neigt.

Schiefer als in Pisa: der Kirchturm von Suurhusen

1996 wurde die Absenkung bei 2,43 Metern endgültig gestoppt. Ein paar Jahre zuvor versenkten Spezialfirmen elf Stützpfähle 14 Meter tief in den Boden des Turmbereichs. Heute predigt Pastor Frank Wessels wieder an ausgewählten Tagen von seiner Kanzel im Kirchenschiff. Ein Ersatz-Gemeindehaus steht seit 1975 den Gläubigen zur Verfügung, als Kirche und Turm wegen akuter Einsturzgefahr gesperrt wurden. Steinbrocken hatten sich aus dem Turmgemäuer gelöst. Der tatkräftigen Unterstützung von Gemeindemitgliedern und Sanierungsfirmen ist es zu danken, dass das Gebäude wieder zugänglich ist – heute ein Pilgerort für Touristen und Freunde historischer und kurioser Bauwerke.

Etwas typisch Ostfriesisches ist der Titel der regelmäßig erscheinenden Gemeindegazette: »Das schiefe Blatt«.

Der kleine Ort ***Upleward*** machte Schlagzeilen, als ein Strand erschaffen wurde. Nicht ein Strand. Denn für gewöhnlich vermutet man den Strand direkt am Wasser. Das Problem mit Ebbe und Flut ist allerdings, dass Sand, der bei Ebbe da ist, bei Flut vom Wasser aufs offene Meer gespült wird. Was also tun, wenn Urlauber auf den Strand nicht verzichten wollen? Man baut den Strand hinter den Deich – also ohne Meeresblick. Ostfriesen können das und machen das. Weißer Sand mit Strandkörben, Beachvolleyballfeld sowie Kinder- und Grillplatz gibt es nun auch. Ebenso kurios ist das jährlich stattfindende Schlickschlittenrennen. Ein Gefährt, mit dem Reusenfischer immer noch zu ihren Stellnetzen schlittern. In Ostfriesland macht man ein Event daraus. Möge der Bessere siegen.

Eine einzigartige Landschaft wie hier am Kleinen Meer bei Emden.
Der kleine Binnensee ist beliebt bei Wochenendurlaubern und Touristen.
Oben: Kanäle durchziehen das Land und sorgen für ausreichend Entwässerung – wie hier in Eilsum, fünf Kilometer vor Greetsiel.

GRÜNKOHL

Leibgericht der Ostfriesen

Einmal gegessen – für immer besessen.

»Brassica oleracea«. So heißt in Ostfriesland eine Pflanze, die nicht nur eingefleischten Ostfriesen das Wasser im Munde zusammenlaufen lässt. Der Volksmund spricht vom Grünkohl. Allerdings scheiden sich an dem Wintergemüse die Geister. Man mag ihn oder man mag ihn nicht. Dazwischen gibt es wenig Spielraum. Für Eingeborene freilich ist der Genuss von Grünkohl Ehrensache. Wehe dem, der dem Gemüse nichts abgewöhnen kann. Er läuft Gefahr, sich als gebürtiger Ostfriese zu disqualifizieren. Denn Winterzeit ist Grünkohlzeit.
Es gibt genauso viele Mythen um wie Zubereitungstipps für den Grünkohl. Sicher ist nur eines. Der erste Frost muss darüber gehen, damit die Mahlzeit auch richtig gut schmeckt. Nicht unwichtig ist auch die Tatsache, was zum Grünkohl gereicht und welche Sportart vorher ausgeübt wird.

EIN HEILIGTUM

Längst ist der Grünkohl-Schmaus zum Heiligtum avanciert. Meist dann, wenn der Kohl am Ende einer sogenannten Kohlfahrt gereicht wird. Und nicht nur das: Aus kundigem Munde wird berichtet, dass der Grünkohl nur dann schmeckt, wenn er auch richtig schwimmt. Meist in einem See aus Hochprozentigem.
Wo der Kohl im Mittelpunkt steht, wird auch meist der Kohlkönig ausgerufen. Mancher Patron, der sich einmal zu viel aus dem gereichten Topf bedient hat, dabei auffiel und fortan sein Kohlvolk durch ein Jahr Regierungszeit führen muss – selbstverständlich feuchtfröhlich.

FAST SO SCHÖN WIE VATERTAG

Landauf, landab sieht man nun wieder die Bollerwagen mit Schnaps und Bier, die durch die Lande ziehen – dann, wenn Schnee und Eis die ostfriesische Landschaft besonders schön machen. Der Gemütlichkeit gefrönt wird am Ende der Tour, wenn die beseelte Wandertruppe auf den Kohltopf trifft.
Auch lädt jetzt nahezu jeder Sportverein zum traditionellen Grünkohlessen. Wohl dem, der gleich in mehreren Vereinen Mitglied ist, oder wie ich als Sportreporter mindestens zweimal in der Woche in irgendeiner Grünkohlrunde über die Ereignisse im Vereinsleben zu berichten hat. Man muss den Grünkohl lieben, damit einem nach diesen Wochen die struppige Pflanze nicht zum Halse heraushängt.

PINKEL ODER SPECK?

Eines ist sicher: Richtiger Grünkohl schmeckt am besten, wenn er aufgewärmt wird, mit reichlich Fleischbeilage wie Pinkelwurst, Kassler oder Speck. Strittig ist, ob zum ostfriesischen Leibgericht Kartoffeln gebraten oder gekocht gereicht werden. Jedem das Seine. Wo Genuss an erster Stelle steht, ist die Wissenschaft nicht weit. Im niedersächsischen Oldenburg wird rund um den Grünkohl geforscht, was das grüne Blatt hergibt. Zwar ist die Wissenschaft schon lange durch mit den Werten rund um den Grünkohl, die Akademie beschäftigt sich mehr mit Mythos und Zubereitung als mit dem forschenden Diskurs um das Blattwerk.
Unsere Hinweise zum Grünkohl (zum Nachmachen empfohlen): Schon längst ist das stundenlange Kochen des Gemüses der kürzeren Garzeit gewichen. Sogar blanchiert im Salat wird der Grünkohl neuerdings gereicht. Kräftige Aromen wie Speck, Schinken und Zwiebeln dürfen natürlich nicht fehlen.

SO SCHMECKT ER AM BESTEN

Die Blatter des Kohls sollten vom Gestänge der Pflanze getrennt werden. Industriell angebotener Kohl aus Gläsern, Tüten und Rollen wird meist mit allem verkauft, was noch bei der Verarbeitung an den Blättern hing. Das edle Blattwerk wird ein bis zwei Stunden im Wasser gekocht. Die Konsistenz des Kohls verrät den Gargrad. Gehackte Zwiebeln, Hafergrütze, Salz und Zucker runden das Aroma ab. Die Pinkelwurst und das Fleisch werden später auf den Kohl gelegt. Das Ganze sollte ausreichend köcheln. Frisch schmeckt die Spezialität außerordentlich lecker. Noch besser ist es, wenn der Kohl zwei-, drei- oder auch vielmal aufgewärmt wird.

Im Emder Hafen tritt das Wasser über die Ufer.

VORSICHT, WENN DAS WASSER KOMMT

Der alte Mann auf dem Deich scheint unbesorgt an diesem stürmischen Novembertag zu sein. Der Wetterbericht hat Orkan vorausgesagt. Doch das lässt den alten Seebären kalt. »Heute kommt keine Sturmflut«, weiß der 88-Jährige. »Damals hätten Sie dabei sein sollen. Haushohe Wellen, unser Schiff hat getanzt wie der Teufel«, sagt er. Heute sind es nur sechs bis sieben Windstärken. »Angekündigt waren neun und zehn«, sage ich. Keine Reaktion. Unwetterwarnungen an der Nordseeküste sind kein Grund, um hektisch zu werden. »Bei Windstärke zehn würden wir hier sicher nicht mehr stehen«, sagt er.

STURMFLUTEN KOMMEN UND GEHEN

Vor den Inseln sieht es da schon schlimmer aus. Flutwellen rauschen gegen die Küsten. Inselbewohner haben sich in ihren Häusern verschanzt. Vor Wangerooge suchen Rettungsmannschaften nach einem Segelboot. Es ist überfällig. Über Funk meldet sich keiner. »Vielleicht liegt es in einem anderen Hafen«, sagt der Wachleiter der Seenotretter gelassen »Die Nordsee ist unberechenbar«, sagt ein Mitarbeiter des Hafenamtes. Er und seine Kollegen sperren die Fluttore zu. Das Wasser kommt näher und drückt gegen die Deiche. Wachposten behalten sie und das Wasser im Auge. Der Deich könnte brechen? »Wird er nicht«, sagt der Mann: »Das ist noch gar nichts.« Gut drei Meter stehen die Wellen über dem mittleren Hochwasser. Kein Grund, um sich Sorgen zu machen. Der große Autotransporter im Hafen wird von Schleppern gegen die Kaimauer gedrückt. Bei diesem Sturm wirken die hohen Bordwände wie Segel. »Da hältst du nichts«, sagt der Seebär. Das Sperrwerk bei

Gandersum (nahe Emden) hat die Tore geschlossen, die Bewohner im Binnenland dahinter werden keine nassen Füße bekommen.
Auf See liegen nun zwei Notfallschlepper. Sie waren vorsorglich auf Sturmposition gebracht worden. »Man kann nie wissen«, sagt der Mann am Telefon im Havariekommando Cuxhaven. »Wir wollen auf alles gefasst sein.«
Die Fährverbindungen zu den Halligen und Inseln sind eingestellt. Nichts geht mehr. Das Risiko ist zu hoch. Bei solch einem Wetter schickt man keinen Hund vor die Tür. Für November ist dieser Sturm nicht ungewöhnlich, sagt der Hafenkapitän. Er erinnert sich an das Jahr 2006, als in Emden das Wasser fast vier Meter höher stand als normal: »Das war schlimm. Hier flog alles durch die Gegend.«

Trotz Sicherungsvorkehrungen: Das Wasser sucht sich seinen Weg.

DAUEREINSATZ FÜR DIE RETTUNGSDIENSTE

Polizei und Feuerwehr sind allerorts im Dauereinsatz. Nichts Besonderes, das übliche Chaos, wenn es richtig kachelt: vollgelaufene Keller, umgestürzte Bäume, nicht ablaufende Kanäle. Der Mann in der Wache ist gelassen, trotzdem das Telefon nicht still steht. Dieses Mal werden alle mit einem »blauen Auge« davonkommen. Vielleicht. Das Sturmtief »Thilo« wird erst morgen seine volle Kraft entfalten. Beim nächsten Hochwasser könnten die Wasserstände noch höher werden und gegen die Deiche drücken. Der alte Seemann schaut in die Ferne und rückt seinen Elbsegler zurecht: »Der ›Blanke Hans‹ ist ein räudiger Hund.«

OSTFRIESEN-SPORT

KEGELN AUF DER LANDSTRASSE – TYPISCH FÜR OSTFRIESEN

Und plötzlich stehen diese Menschen auf der Landstraße. Sie kommen aus dem Nichts, sind auf einmal da. Sicher, das Schild habe ich gesehen. »Mein Gott«, diese Schilder stehen überall. Aber so richtig registriert habe ich es nicht. Doch dann kommt auch noch diese Kugel über die Fahrbahn gerollt.

Irgendwo in Ostfriesland wird immer geboßelt. Egal zu welcher Tageszeit steht eine Gruppe Sportler auf der Straße und versucht eine Kugel aus Pockholz oder Gummi über die Fahrbahn zu schleudern. Sie haben richtig gelesen: Boßeln ist ein Sport. Sie können sich nicht vorstellen, wie viele Vereine es im Nordwesten gibt, die diesem Sport frönen. Und nicht nur im Nordwesten. Längst haben Buten-Ostfriesen ihren Sport in andere Bundesländer exportiert. Selbst in Hessen oder an der polnischen Grenze kann es passieren, dass auch Ihnen eine dieser Kugeln entgegenkommt.

AUF EINMAL KOMMT IHNEN EINE KUGEL ENTGEGEN

Die Spieler sind in Ligen organisiert, spielen ihre Besten aus und sind stolz darauf, diesen alten Volkssport immer noch zu spielen. Längst haben sich Hobbymannschaften zusammengeschlossen, um das Boßeln mit geselligem Beisammensein zu kombinieren. Sie unterscheiden sich darin, dass sie mit dem Bollerwagen durch die Lande ziehen und neben dem Boßelsport auch dem Alkohol nicht abgeneigt sind. »Davon unterscheiden wir uns«, sagt Willi Müller, einer der Sportler, die ich fast auf der Kühlerhaube hatte.

Er und seine elf Mannen trainieren an diesem kalten November-Dienstag. Ihre Strecke ist die Kreisstraße zwischen Wirdum und Marienhafe (bei Norden in Ostfriesland). Der Trick beim Boßeln ist es, die Kugel über die Fahrbahn zu »kegeln«, ohne dass sie in die seitlichen Entwässerungsgräben fällt und möglicherweise für immer im Morast stecken bleibt. Mit langen Stangen muss die Boßelkugel dann heraus-

gefischt werden. Das kann dauern, je nachdem wo sich das Sportgerät zwischen Matsch, Schlick oder Buschwerk versteckt hält. Dort, wo die Kugel liegen bleibt, beginnt der nächste Spieler mit seinem Wurf. Welches Team die wenigsten Würfe für die ausgelobte Strecke benötigt, hat gewonnen.

SPORT, SPIEL UND VERGNÜGEN

Nein, das ist kein Spiel, das ist Sport, versichert mir Boßler Müller und holt aus, dass das Boßeln seit Jahrhunderten gespielt wird. Vorfahren fingen damit an, die Kugeln über die Straßen und Wege zu schleudern. Am Ursprung des Spiels hat sich wenig geändert. Kopfsteinpflaster und matschige Wege sind den ordentlich geteerten Fahrbahnen gewichen.

Keiner würde es jemals wagen, den Sport zu verurteilen, nur weil er auf öffentlichen Straßen ausgeübt wird. Müller: »Boßeln gehört zu Norddeutschland wie das Wasser an die Küste.« Selbst über mangelnden Nachwuchs müssen sich die Vereine nicht sorgen. Die Kleinsten werden quasi per Geburtsurkunde den Vereinen gemeldet. Es ist selbstverständlich für Ostfriesen, nicht nur dem Schützenverein oder der Freiwilligen Feuerwehr anzugehören, das Boßeln ist so selbstverständlich wie essen und trinken. Und wie es meist so ist, gehört Geselligkeit und Beisammensein zum Sport wie die Milch zur Kuh.

Auch das gibt es in Ostfriesland. Na ja, fast! In Hooksiel (Landkreis Friesland) wird in jedem Jahr dem Pferdesport gefrönt. Sowieso ist Ostfriesland bekannt für seine Pferdezucht und seinen Pferdespezialisten Tamme Hanken.

OSTFRIESISCHE INSELN

BORKUM

Die größte Insel (5.100 Einwohner) liegt Richtung Nordwesten etwa zwei Fährstunden von Emden entfernt (Katamaran: eine Stunde Fahrzeit). Ihr Hochseeklima hat ihr das ECARF-Qualitätssiegel als allergikerfreundliche Insel beschert – garantiert pollenfreie und frische Luft. Mit der Inselbahn geht es vom Hafen in den Ort mit Fußgängerzone, vielen Shops und Geschäften. Der Musikpavillon an der Strandpromenade bietet Livemusik, und im Hintergrund versinkt die Sonne im Meer. Ein 20 Kilometer langer Sandstrand lädt zum Spazierengehen ein.

TIPPS BORKU

ALTER UND NEUER LEUCHTTURM mit toller Aussicht über die Insel und dem Wattenmeer

INSELWÄLDCHEN (GREUNE STEE) mit Feuchtwiesen und einer außergewöhnlichen Flora und Fauna

WALKNOCHENZÄHNE: 250 Jahre alte und bis zu zwei Meter hohe Walkieferknochen in der Wilhelm-Bakker-Str. 3

FEUERSCHIFF BORKUMRIFF im Hafen (ausgedientes Feuerschiff mit Museum)

HEIMATMUSEUM DYKHUS (Geschichtliches über Borkum)

Die Srandpromenade von Borkum mit dem Musikpavillon.

Der Leuchtturm der Insel Borkum

Der Strandwagen auf Borkum. Hier wacht der Rettungsschwimmer über seine Schützlinge.

JUIST

Zwischen Borkum und Norderney liegt Juist. Pferdefuhrwerke fahren über die autofreie Insel: Sie ist die richtige Adresse für großstadtgeplagte Urlauber. Am besten ist die Insel mit dem Flugzeug von Norddeich zu erreichen, weil die Fähre wegen der flachen Fahrrinne nur einmal am Tag fahren kann.

LANGEOOG

Langeoog ist die erste »Fairtrade«-Insel und setzt auf Produkte, die umweltschonend angebaut oder hergestellt werden. Auf der autofreien Insel geht es gemächlich zu. Urlauber mit dem Wunsch nach Ruhe und Gemütlichkeit finden hier das passende Eiland. Besonders sehenswert ist der *Dünenfriedhof* mit der Grabstätte von Lale Andersen (1905–1972). Am *Wasserturm* steht ein Bronzedenkmal der Sängerin – unter einer Laterne, in Anspielung auf das wohl berühmteste Lied Andersens. Vom *Wasserturm* hat man einen unvergleichlichen Blick auf die Nordsee und über die Insel. Die *Inselkirche* von 1890 bietet ein interessantes Altarbild, das ein gestrandetes Fährschiff mit teilnahmslosen Menschen zeigt. Am *Osterhook* hat man bei Ebbe Glück, Seehunde zu beobachten.

TIPPS LANGEOOG

Das Heimatmuseum **»SEEMANNSHUS«** und das **SCHIFFFAHRTSMUSEUM** mit dem Nordseeaquarium sollten keinem Besucher verborgen bleiben.

Wochenmarkt auf Norderney

NORDERNEY

Das Sylt der Ostfriesen ist die Insel für Besucher mit Partylaune und Livestyle. In der Innenstadt geht es seit jeher hoch her. Zu Pfingsten ist das »White-Sand-Festival« Anziehungspunkt für Windsurfer und Beachvolleyballer. Im Sommer finden am Januskopf tolle Open-Air-Konzerte bekannter Rockgrößen statt. Zwar sind auf der Insel Autos erlaubt, doch mit dem Rad ist man wesentlich besser bedient, zumal es tolle Strecken durch die Dünen gibt – bis hinauf zur Strandsauna und

Der Seenotkreuzer der Insel Norderney auf Kontrollfahrt

TIPPS NORDERNEY

Ein Muss ist das **CONVERSATIONSHAUS** (Kurhaus) mit dem Kurplatz und der Orchesterbühne in der Innenstadt. Auf den **LEUCHTTURM** zu gelangen bedarf es Ausdauer, um die 254 Stufen zu bewältigen. Dann aber ist der Blick in die Ferne unbeschreiblich.

dem Schiffswrack. Die Innenstadt ist berühmt für ihre Shoppingmeile und die vielen Kneipen und Bistros. Tolle Aussicht auf die Nordsee hat man in der *Milchbar*, dem Restaurant *Georgshöhe*, dem *Surf-Café* und der *Giftbude*. Tolle Menschen mit guter Laune bei untergehender Sonne – was will man mehr?

Eine Schiffsreise zur Lieblingsinsel wie hier nach Borkum

SPIEKEROOG

Seit jeher ist die 800 Einwohner zählende Insel das Domizil naturverbundener Urlauber und ist zu Recht der Geheimtipp unter den Ostfriesischen Inseln. Urige Häuser im alten Stil, gemütliche Wege und Straßen laden zum Flanieren und Genießen ein. Hier ist alles etwas ruhiger und gelassener. Die Haflingerstute Funny zieht die ***Inselbahn*** gemächlich über das alte, stillgelegte Gleisbett. Spiekeroog ist eine Ruhe-Insel, das Gegenteil von Norderney. ***Die alte Inselkirche und das alte Inselhaus sollten Sie besuchen.*** Das 1705 gebaute Haus hat ein Schwimmdach, das sich bei Sturmflut lösen ließ und als Floß diente. Die *»Weiße Düne«* ist die höchste Erhebung der Insel und dient allen Urlaubern, die hoch hinaus wollen. Im Sommer öffnet im Kurpark der *»Circus Taudentraum«* seine Zelttüren und beweist Spiekeroogs Rolle als besonders familienfreundliche Insel.

WANGEROOGE

Sie ist die einzige Insel, für die die Deutsche Bahn den Inselverkehr unterhält. Mit dem Zug geht es zwar nicht über die Nordsee und der Fährmann heißt auch nicht Lokführer. Wangerooge hat seine Liebhaber. Im Krieg größtenteils zerstört – durch die Nähe zum Kriegshafen Wilhelmshaven – ist die Insel im Stil der 50er Jahre wieder aufgebaut worden. Am Strand hat man einen grandiosen Blick auf die großen Pötte, die den Weg in die Elbe oder Weser suchen. Einmal um den *»Pudding«* heißt es, wenn man zu Fuß (Wangerooge ist aufofrei) vom Strand über die Fußgängerzone bis zum Café »Pudding« flaniert. Hier sitzt man entspannt vor selbstgebackenem Kuchen und einer guten Tasse Tee und genießt den Tag. Herrlich. Vergessen sollten Sie nicht das ***Nationalparkhaus mit der Themensammlung zum Nationalpark,*** die ***Nikokaikirche,*** die einst als Schutz gegen Sturmfluten diente, und den ***Westturm,*** von dem man einen traumhaften Blick genießen kann. In der Jugendherberge am Westturm gibt es den Schlüssel.

Traumhaft schön:
die sieben Ostfriesischen Inseln

Hier lässt es sich aushalten: entweder auf Norderney (großes Bild) oder auf Borkum.

BALTRUM

Die Insel ist so klein, dass man rückwärts auf die Toilette geht, weil man mit seinen großen Füßen nicht wenden kann – kleiner Scherz. Straßennamen sind hier überflüssig. Die Häuser sind ihrem Baujahr nach nummeriert. Das muss reichen. Bei der 1825 herrschenden Sturmflut überlebte kein Haus. Je älter die Gebäude, umso kleiner die Zahlen. Das neueste trägt die Nummer 330. ***Westdorf und Ostdorf*** heißen die beiden Siedlungen. Wie gesagt: klein und übersichtlich. Unbedingt ansehen sollte man sich die alte ***Inselkirche*** von 1826, das ***Nationalparkhaus*** und das ***alte Zollhaus***. Ansonsten bietet die Insel Erholung pur.

FÄHRE & FLÜGE

Borkum

Von Emden-Außenhafen (Autofähre). Reederei AG-Ems (www.ag-ems.de). Flugplatz Emden mit der OFD (www.fliegofd.de).

Juist & Norderney

Von Norddeich. Reederei Frisia Norden (www.reederei-frisia.de). Flugplatz Norddeich oder Emden (www.fln-norddeich.de).

Baltrum

Von Neßmersiel. Reederei Baltrum-Linie (www.baltrum-linie.de). Flugplatz Norddeich (w.o.).

Langeoog

Von Bensersiel. Reederei Langeoog-Schifffahrt (www.schifffahrt-langeoog.de), Flugplatz Harlesiel (www.inselflieger.de).

Spiekeroog

Von Neuharlingersiel (www.spiekeroog.de).

Wangerooge

Von Harle mit der Deutschen Bahn (www.bahn.de), Flug von Harlesiel (www.insel-flieger.de).

Vom Strand direkt zum Haus

PIRATEN AUF SEE

Es war einmal …

Um den berühmt-berüchtigten Seeräuber Klaus Störtebeker ranken sich die Legenden. Wo genau er herkam, wissen die wenigsten. Vermutet wird, dass der raubeinige »Liekedeeler« aus Rotenburg stammt oder aus Wismar. Vielleicht wurde er ganz woanders geboren. Sicher ist, dass das Meer seine Heimat war – und dort war er ebenso gefürchtet wie verhasst. Inzwischen allerdings zweifeln Forscher den Mythos immer offener an. Störtebecker, so scheint es, war weder kriminell noch Pirat. Auch der klangvolle Name scheint Erfindung zu sein.

Ehrenmal eines Piraten: Klaus Störtebeker vor dem Kirchturm in Marienhafe. Doch so viel Ehre für einen Piraten lebt wohl nur von der Legende.

»LIKEDEELER« – GEMEINSAM GERAUBT UND BRÜDERLICH GETEILT

Zunächst die Überlieferung: Eigentlich hieß er Nikolaus, doch weit verbreitet ist »Klaus« sein Vorname, und als solcher ging er in die Geschichtsbücher ein. Störtebeker war wiederum nicht nur Nachname, sondern auch zweifelhaftes Prädikat des Freibeuters. Nach der Legende soll Störtebeker wegen seiner Trinkfestigkeit den Namen erhalten haben, der in einer Übersetzung aus dem Niederdeutschen »Stürz den Becher« bedeutet. Der Sage nach soll er einen Humpen mit vier Liter Wein oder Bier – Genaueres ist nicht überliefert – in einem Zug geleert haben.
Bekannter jedoch war Störtebeker wegen seiner Tätigkeit als Pirat und Kapitän der »Likedeeler«, die ihm sowohl Ehre als auch Furcht einbrachte. Die »Likedeeler« waren Piraten, die ihr Diebesgut zu gleichen Teilen unter den Seeleuten aufteilten – egal ob Kapitän oder »Smutje«. Als eine Art Robin Hood zur See teilte er nicht nur mit Gleichgesinnten seines Schiffes, sondern auch mit Bedürftigen.
Begonnen hat der Freibeuter 1394 bis 1398, als er im schwedischen Gotland die »Vitalienbrüder« verjagte und das lukrative Jagdrevier übernahm. Später weitete er sein Revier in deutsche Hoheitsgewässer aus und soll auch im ostfriesischen Marienhafe Unterstützung bei seinen Raubzügen erhalten haben. Nicht nur, dass die Ostfriesen ihm Unterschlupf gewährten, der Liebe wegen war Störtebeker häufiger Gast im Hafen des Dorfes. Die Tochter des friesischen Häuptlings Keno Ten Brooke soll er geehelicht haben – ungewöhnlich für einen freiheitsliebenden Seefahrer. Vom Turm der Kirche in Marienhafe konnte er nach lohnender Beute und seinen Jägern Ausschau halten. Ihm zu Ehren wurde das Bauwerk in »Störtebekerturm« benannt und dient heute noch als Kulisse für die alle drei Jahre stattfindenden Störtebeker-Festspiele, ein plattdeutsches Freiluft-Ereignis, zu dem Tausende Besucher kommen. In Ralswiek auf Rügen wird jedes Jahr ebenfalls ein Schauspiel um den Freibeuter aufgeführt.

ERBITTERTE SEESCHLACHT

Die Hansestadt Hamburg begann im 14. Jahrhundert die Seewege nach England und Holland zu schützen. Piraten hatten dort besonders ihr Unwesen getrieben. Störtebeker soll den schnelleren Hansekoggen aber immer wieder auf hoher See entkommen sein. Am 22. April 1401 konnte Simon von Utrecht den berühmten Freibeuter vor Helgoland stellen. Nach einer erbitterten Seeschlacht wurde Störtebeker schließlich nach Hamburg gebracht. Angeblich soll der Erfolg Verrätern geschuldet sein, die flüssiges Blei in die Steueranlage seines Schiffes gegossen haben, um es manövrierunfähig zu machen. Eine andere These stützt sich darauf, dass sein Schiff durch einen Treffer am Hauptmast außer Gefecht gesetzt wurde.

Klaus Störtebeker wurde am 20. Oktober 1401 mit rund 30 seiner Gefährten am Hamburger Grasbrook von einem Scharfrichter enthauptet. Der Legende nach soll Störtebeker dem damaligen Bürgermeister der Hansestadt, Kersten Miles, ein Versprechen abgerungen haben, nach dem die Männer mit dem Leben davonkamen, an denen er kopflos vorbeischreiten würde. An elf Männern soll der Enthauptete noch vorbeigegangen sein, bis ihm der Henker ein Bein stellte oder den Richtblock vor die Füße warf. Entgegen seinem Versprechen ließ der Bürgermeister allerdings alle Seeräuber enthaupten. Ihre Köpfe wurden zur Abschreckung längsseits der Elbe aufgespießt. Hinterlassenschaften von Störtebeker – wie sein berühmter Trinkbecher – wurden beim großen Feuer 1842 in Hamburg zerstört.

DOCH NICHT STÖRTEBEKER?

Neue Forschungsergebnisse aus dem Jahr 2007 allerdings lassen von diesem Bild Störtebekers nicht mehr viel übrig. Demnach hieß der Freibeuter weder Nikolaus noch Klaus, sondern Johann mit Vornamen, war Kaufmann in Danzig und lebte bis mindestens 1413. Auch soll er weder kriminell noch Pirat gewesen sein, sondern verdingte sich als Fehdenhelfer. Auch der 1878 bei Baggerarbeiten am Grasbrook gefundene Schädel ist wohl doch nicht – wie bislang angenommen – Störtebeker zuzuordnen.

SEEHAFENSTADT EMDEN

Die Hauptstadt Ostfrieslands

Lange Zeit wurden die Emder in Ostfriesland als »Pottjekacker« verspottet, weil sie erst relativ spät an die Abwasserkanalisation angeschlossen wurden. Darüber können sie heute nur noch milde lächeln, können sie doch gleich mit einer Vielzahl an Hochkultur aufwarten. So locken die Kunsthallle von »Stern«-Gründer Henri Nannen, das Ostfriesische Landesmuseum und die »Johannes a Lasco Bibliothek« jedes Jahr unzählige Besucher in die 50.000 Einwohner umfassende Seehafenstadt mit 1.200-jähriger Geschichte.

Blick in den Hafen von einem
der höchsten Häuser in der Stadt

Heute gilt Emden als liebens- und lebenswert, traditionell und aufgeschlossen, unterhaltsam und sportlich, natürlich und grün: Auf den zahlreichen Kanälen lässt sich die Stadt per Kanu- oder Tretbootfahrt vom Wasser her erkunden. Alle Spaßvögel sollten »Dat Otto Huus« – Heimat des gleichnamigen Komikers – nicht verpassen, und für Technikbegeisterte bietet sich eine Führung durch das ansässige Volkswagenwerk an.

DER EMDER HAFEN – MOTOR EINER REGION

Im Mittelpunkt steht der Emder Hafen. Einer der größten der Republik und durch seine besondere Lage auch Dreh- und Angelpunkt für den Verkehr nach England, den Niederlanden und der Welt. Vom Borkumkai fahren die Besucher und Touristen zur Insel Borkum. Über den Hafen werden Unmengen von Neuwagen in alle Welt

Mittagsstunde eines erschöpften »Seehundes«. Links der Emder Ratsdelft mit den neuen Kapitänshäusern und den Schiffen, die dort festmachen.

transportiert, vor allem das Volkswagenwerk nutzt den Hafen für den Umschlag seiner neuen Fahrzeuge. Schiffe, so groß wie Hochhäuser, machen im Hafen fest und nehmen die Autos an Bord, die nach Übersee exportiert werden. Ein Schauspiel der besonderen Art, wenn solch ein »Schuhkarton« am Außenhafen festmacht. Auch die

Das Landesmuseum im alten Rathaus wurde von wenigen Jahren umgestaltet und neu konzipiert. Ein Besuch lohnt sich.

Windenergie hat die Stadt im Nordwesten für sich entdeckt. Emden ist Stützpunkthafen für die Windradfelder vor der Küste Ostfrieslands. Eine Handvoll Windenergiefirmen hat sich hier niedergelassen.

Der Mohlenkopf
im Emder Hafen

Sonnenuntergang in Emden.
Der westlichste deutsche Hafen hat seit jeher einen hohen Stellenwert.

Die Emder Innenstadt ist Anziehungspunkt für Touristen. Hier gibt es eine Menge zu sehen und zu erleben – auch für kleine Besucher.

Der Emder Außenhafen. Hier machen die großen Autotransporter und die Fähren nach Borkum fest.

Abendstimmung im Emder Hafen

Die Kunsthalle Emden mit der angeschlossenen Malschule ist dem Stifterpaar Henri und Eske Nannen zu verdanken. Der »Stern«-Gründer Henri Nannen eröffnete 1986 in seiner Heimatstadt Emden ein Haus für seine Sammlung, vorwiegend Kunst der klassischen Moderne. Seit dem Jahr 2000 erweitert die Schenkung des Münchner Galeristen Otto van de Loo den Bestand um Kunst nach 1945.

Alte Rüstungen im Emder Landesmuseum

ALTE RÜSTUNGEN UND HISTORISCHES

Das Ostfriesische Landesmuseum beherbergt eine im Nordwesten Deutschlands einzigartige kunst- und kulturhistorische Sammlung. Besuchern werden auf 3.000 Quadratmetern Ausstellungsfläche spannende Einblicke in Kunst und Geschichte geboten.
Herzstück des Hauses ist die Emder Rüstkammer mit ihren 400 Jahre alten Schwertern, Luntenschlossmusketen oder Harnischen, die die damalige Bewaffnung der Stadt eindrucksvoll präsentiert. Weitere Attraktionen sind die Sammlung niederländischer

Davon lebt der Hafen: Autoverschiffung in alle Welt.

Meisterwerke in der Gemäldegalerie, die als »Bernie« bekannte Moorleiche von Bernuthsfeld sowie der Silberschatz der Stadt Emden. Die Pelzerhäuser, Außenstelle des Landesmuseums an der Pelzerstraße, erinnern als älteste Häuser der Altstadtwarf eindrucksvoll an das im Zweiten Weltkrieg zerstörte Stadtbild. Hier floss die Ems einst entlang. Wenige Häuser weiter steht ein Relikt aus der alten Zeit, die »Emsmauer-Treppe«.

Die im Jahr 1559 gegründete Johannes a Lasco Bibliothek birgt als älteste Bibliothek Ostfrieslands einen wertvollen historischen Buchbestand, eine enzyklopädische Sammlung durch alle Wissenschaftsgebiete und die Emder Bibel. 1943 wurde die Große Kirche zerstört, Emdens »Moederkerk«. Bibliothek und Archiv konnten bewahrt werden und haben heute in der wieder aufgebauten Kirche Platz gefunden. Den neuen Titel »Reformationsstadt Europas« hat Emden in erster Linie dieser Institution zu verdanken.

Der Emder Ratsdelft mit seinen Museumsschiffen

OTTO WAALKES – EIN KIND DER STADT

Dat Otto Huus, leicht erkennbar durch den keck aus der Wand schauenden Ottifanten, ist dem berühmtesten Komiker und größten Sohn der Stadt Emden, Otto Waalkes, gewidmet. Natürlich soll ein Besuch des »Museums« in erster Linie die Lachmuskeln anregen.
Für Technikbegeisterte bietet sich eine Besichtigung des Volkswagenwerks an. Auf einem interessanten und informativen Rundgang durch das »Werk am Meer« kann man die Fertigung der Modelle erleben. Gerade wenn man die Schweißroboter passiert, fühlt man sich wie am Set eines Science-Fiction-Films, Spannung ist also garantiert.

Mit cirka 8.000 Mitarbeitern und Mitarbeiterinnen inklusive aller Gesellschaften ist das Werk Emden der größte industrielle Arbeitgeber der ostfriesischen Region. Werktouren für Einzelpersonen und Gruppen: Montag, Mittwoch und Freitag 9.45 Uhr und 13.15 Uhr nur mit Voranmeldung. Die Dauer der kostenlosen Werkstour beträgt ungefähr zwei Stunden. Bequeme Schuhe sind empfehlenswert. Es gibt viel zu laufen.

Die Johannes a Lasco Bibliothek ist mehr als nur eine »Bücherei«. Einen Besuch sollte jeder Tourist einplanen.

IM BUNKER EINSICHT ÜBER DIE STADTGESCHICHTE

Für ein mulmiges Gefühl kann ein Besuch im Emder Bunkermuseum sorgen. Auf mehreren Etagen wird das Emden während des Nationalsozialismus gezeigt. Im Verhältnis zur Bevölkerungszahl hatte die Stadt eine sehr hohe Bunkerdichte. Die Bunker schützten die Menschen, aber nicht das gewachsene Stadtbild. Emden wurde fast komplett zerstört, danach begann der Wiederaufbau – und auch dieser Aspekt wird in den authentischen Ausstellungsstücken dokumentiert.
Ganz wissenschaftlich geht es in der Grasstraße zu. Dort befindet sich der Sitz der Naturforschenden Gesellschaft zu Emden von 1814 (NfG). Als eine der ältesten kulturellen Institutionen Ostfrieslands feiert sie 2014 ihren 200. Geburtstag.

Eine sehr schöne Einrichtung ist das Emder Ökowerk im Stadtteil Borssum. Das Areal ist Natur pur und beinhaltet eine parkähnliche Ausstellungsfläche über die Flora und Fauna Ostfrieslands. Gezielte Führungen oder einfach nur die Zeit und das Wetter genießen – hier ist alles möglich. Ein Grillplatz kann gebucht werden, eine Museumsbahn ist für Kinder das Highlight. Sehr lehrreich sind die Erklärungen über Pflanzen und Tiere, die in der Region leben.
Stets wird die Anlage erweitert, sie ist ein Kleinod zur Erholung und ein Platz, sich der Natur zu erfreuen.

Lehrreiches für Jung und Alt im Emder Ökowerk

ANNO
IS DIT ARM CAST HUIS
UIT DE LIEFDE GIFTEN DER
INTERESSENTEN GEBOUWT
ONDER HET BESTIER VAN
DIRECTEUREN.
Heimat Mus

Das Heimatmuseum in Weener bietet einen Einblick in die frühgeschichtlichen Lebensweisen. Kleines Bild: Ruhepause

GESCHICHTE OSTFRIESLANDS

Die SEUTE DEERN hätte eigentlich einmal in Emden ihren letzten Anker werfen sollen. Doch es kam anders, nun ist sie Museumsschiff in Bremerhaven.

Die älteste Straße liegt in Ostfriesland. Ein geschichtlicher Abriss in wenigen Sätzen:

Erste Nachweise von Menschen gibt es von jungpaläolithischen Rentierjägern der sogenannten »Hamburger Kultur«. Reste aus der Frühzeit finden sich auch am Ewigen Meer im Meerhusener Moor. Ein Bohlenweg aus der Zeit um ca. 2500 v. Chr. dort gilt als die älteste befestigte Straße in Deutschland.

Etwa 50 v. Chr. waren es Chauken und Friesen, die das Land zwischen Ems und Weser bewohnten. 12 v. Chr. kamen die Römer nach Ostfriesland. In Jemgum (bei Leer) zeugen archäologische Funde davon, dass römische Legionäre zu Beginn des 1. Jahrhunderts nach Chr. anwesend waren.

DIE RÖMER IN OSTFRIESLAND – »DIE SPINNEN«

Im 13. Jahrhundert etablierten sich ostfriesische Häuptlinge mit ihren Gefolgschaftssystemen in der Region. Die Bewohner waren zwar ihren Häuptlingen unterworfen, erhielten sich jedoch ihr freiheitliches Handeln.

Ende des 14. Jahrhunderts tobten in Ostfriesland Fehden einiger Häuptlingsfamilien. In dieser Zeit erschien Seeräuber Klaus Störtebeker in Marienhafe, um von dort zu seinen Raubzügen aufzubrechen. Hamburger und Bremer Kaufleute sahen sich geschädigt. Infolgedessen besetzten sie 1401 Teile Ostfrieslands und zogen erst 1453 wieder ab.

Foto: Stadtarchiv Emden

Emden war im 15. Jahrhundert ein großer Wirtschaftsstandort. Das alte Rathaus wurde im Zweiten Weltkrieg – wie über 80 Prozent der Stadt – zerstört.

Foto: Stadtarchiv Emden

Die alte »Emsmauertreppe« ist erhalten geblieben. Hier entlang verlief früher die Ems.

Ab 1430 übernahm die Familie Cirksena (1464–1744) die Herrschaft über Osfriesland und sorgte für Wohlstand und Gesellschaftsfähigkeit.

Um 1520 hielt die Reformation Einzug. Sowohl Katholizismus, lutherischer Protestantismus und Calvinismus waren vertreten, ohne dass eine Konfession die Oberhand erlangte.

EMDEN ALS WICHTIGSTER HAFENSTANDORT

Um 1570 erlangte die Stadt Emden ihre größte Blütezeit und wurde der wichtigste europäische Hafen- und Reedereistandort. Der Dreißigjährige Krieg (ab 1618) hatte für Ostfriesland kaum eine Bedeutung. Kampfhandlungen fanden hier nicht statt. Ab 1744 kam Ostfriesland unter die preußische Herrschaft Friedrichs des Großen; sie brachte dem Land erheblichen wirtschaftlichen Aufschwung. In Emden wurde 1751 der Freihafen eingerichtet.

FRANKREICH HATTE DIE OBERHAND

Nach der Niederlage Preußens 1806 kam Ostfriesland in den Machtbereich Napoleons, zuerst zum Königreich

Holland, 1810 mit diesem zum französischen Kaiserreich. Mit der Niederlage Napoleons ging Ostfriesland von 1813 bis 1815 erneut an die Preußen, später an das Königreich Hannover. Provinzialregierungssitz wurde Aurich. Zu dieser Zeit lebten etwa 142.000 Menschen in Ostfriesland.

Die Stadt Aurich hat im Krieg weniger abbekommen. Alte Häuser – wie hier das Schloss – blieben erhalten.

Wegen schlechter Wirtschaftsbedingungen begann ab 1850 die Auswanderungswelle Richtung USA. 1866 wurde Ostfriesland wieder preußisch. Hochdeutsch hielt an den Schulen Einzug. Wirtschaftlich ging es aufwärts. Ackerbau und Viehzucht florierten, Werften in Leer und Emden erlangten hohe Bedeutung. 1913 wurde in Emden die Große Seeschleuse eingeweiht, damals eine der größten Schleusen weltweit. 1905 lebten 251.000 Menschen in Ostfriesland.

Wirtschaftsmotor Küste: Autoverschiffung in Emden. Windenergie ist in den letzten Jahren ein großer Faktor geworden.

Im Zuge der niedersächsischen Kommunalreform 1972 wurden Städte und Gemeinden verändert. 1978 wurde der Regierungsbezirk Aurich mit den Bezirken Osnabrück und Oldenburg im Regierungsbezirk Weser-Ems zusammengeführt. 1964 baute Volkswagen sein Werk in Emden, 1977 rollte dort der letzte Käfer vom Band.

1984 wurde in Aurich der Windanlagenhersteller Enercon gegründet.

SITTEN & GEBRÄUCHE

DAS TRAGEN OSTFRIESEN DRÜBER – ODER AUCH NICHT

Es ist Herbst, Blätter und Depressionen fallen von den Bäumen, der Blick in den Kleiderschrank bringt einige modische Ausrutscher gegen Wind und Wetter zu Tage. Wohl dem, der im Besitz eines Friesennerzes ist. Nein, kein exotisches oder schützenswertes Tier musste für dieses Kleidungsstück sein Leben lassen.

Für den Friesennerz mussten allerdings ein paar »Polyester« daran glauben – das ist zu verschmerzen. Auch ich gehörte zu den Kindern, die ab Herbstanfang mit dieser Allwetter-Kluft ausgestattet waren.

Irgendwann mal als Ölzeug für Seeleute und Fischer erfunden, hatte das PVC-Outfit schnell den Weg in die Zivilisation gefunden.
Vielleicht deshalb gab es an der Ausstattung wenig Handlungsspielraum. Die Farbe immer alarmgelb, Einheitsschnitt, große Kapuze, dazu die passenden Gummistiefel und fertig war der Ostfriesennerz. So ausgestattet war man selbst im dicksten Nordseenebel zu erkennen. Unzerstörbar, statusfrei und überhaupt nicht atmungsaktiv, sodass man in der Jacke langsam rot gekocht wurde wie die Krabben auf den Kuttern.
Wie dem auch sei. Küsten-Touristen allerorts laufen mit dem Ostfriesennerz umher, sind der festen Überzeugung, dass hier oben alle solch ein Kleidungsstück im Schrank haben, und wissen ganz genau, dass sie damit genau richtig angezogen sind, um sich nicht als Tourist zu outen. Lediglich der hessische Akzent könnte sie entlarven.
Eingefleischte Ostfriesen haben schon kurz nach dem Kindesalter ihren Nerz dem »Blanken Hans« geschuldet und ihn womöglich in die Altkleidersammlung gegeben. Oder wie ich – schon wesentlich früher, als ich das »gute Stück« in einer Nacht-und-Nebel-Aktion zwischen das Altpapier gedrückt habe und morgens mit versteinerter Mine am Fenster stand und zusah, wie der Nerz in dem riesigen Maul des Müllwagens verschwand. Endlich, die Sorge war ich los. Später fragte mich meine Mutter, ob ich die gelbe Regenjacke gesehen hätte: »Keine Ahnung, hing letzte Woche noch am Haken.«

WEHE DEM, DER NOCH NICHT VERHEIRATET IST

Klaasohm. In der Nacht vom 5. auf den 6. Dezember wird auf der Insel Borkum »Klaasohm« gefeiert, so etwas wie der Nationalfeiertag der Insulaner. Der Name »Klaasohm« bedeutet »Ohm Onkel Klaas Klaus«. Im Klaasohmfest mischen sich Elemente des Nikolaus-Brauchtums, wie es auch vom Festland her bekannt ist, mit fremdartigen Einsprengseln, möglicherweise Versatzstücken wesentlich älterer Traditionen und Einflusse, die aus der Ferne mitgebracht wurden. Das Nikolausfest ist das einzige Heiligenfest, das sich im reformierten Teil Ostfrieslands gehalten hat und dort sogar zu besonderer Blüte gelangte. Dazu beigetragen haben mag, dass der Heilige Nikolaus von Myra unter anderem als Schutzpatron der Seeleute und als Nothelfer gegen das Wasser verehrt wurde.
In der Zeit, als von Borkum aus noch Walfang betrieben wurde, waren die Männer meist monatelang auf hoher See unterwegs. Manche Quellen behaupten, der Ritus sei aus der »Rückeroberung« der Insel von den Frauen hervorgegangen, die nach

der langen Abwesenheit der Walfänger die »Macht« in den Familien übernommen und sich nun wieder den heimgekehrten Männern unterzuordnen hatten.
Heutzutage gehen beim nächtlichen Geschehen sechs als »Klaasohm« verkleidete junge Männer sowie ein weiterer in der Rolle des »Wiefke« auf der Insel um. Sie tragen bis zu einem Meter hohe, tonnenförmige Helme, die mit Schafspelz bezogen und mit Federn und Möwenflügeln beklebt sind. Neben kleinen Augenöffnungen besitzen die Helme auch eine Trinköffnung. Das Kuhhorn, mit dem die Klaasohms ausgerüstet sind, wird benutzt, jungen Frauen aufs Hinterteil zu schlagen. Junge Frauen, die von einem Klaasohm Hiebe erdulden mussten, erhalten »Moppe«, eine Art hartes Honigkuchengebäck. Kindern und Müttern gegenüber ist der Klaasohm freundlich gesinnt – sie bekommen »Moppe« und werden gestreichelt. Nach ihrem Zug durch die Stadt werden die Klaasohms und besonders das Wiefke von den Massen gefeiert und von vielen Armen aufgefangen, wenn sie am Ende ihres Umzugs ganz wie Rockstars ins Publikum springen.

25 Jahre und nicht verheiratet? Junge Männer werden in Ostfriesland somit als »alte Socke«, Frauen als »alte Schachtel« bezeichnet. Unerwähnt bleibt nicht, dass dieser Zustand mit trinkfesten Ostfriesen zünftig gefeiert wird – wohl dem, wer dabei seine große Liebe findet. Wer es dann bis zum 30. Lebensjahr nicht geschafft hat, unter die »Haube« zu kommen, muss »Strafe« über sich ergeben lassen. Unverheiratete Männer werden dann an Rathaus oder Kirche zum Treppenfegen herangezogen, Frauen bleiben nicht verschont: Sie müssen dort die Klinken zu putzen. Erst nachdem eine Jungfrau oder ein »Jungmann« aus der trinkfreudigen Menge herausgetreten ist, um den Delinquenten freizuküssen, ist die »Schmach« beendet. Nicht selten wird das Wohnhaus der »alten Socke« oder der »alten Schachtel« entsprechend geschmückt, damit jeder Nachbar Notiz nimmt.

Bögen über die Eingänge zu hängen hat eine mehrfache Tradition. Nachbarn richten das »Bogenmachen« aus, bei dem bunt geschmückte Tannenzweige als Bogen über den Türrahmen angebracht werden. Die nachfolge Stehparty ist dann Vorläufer für eine zukünftige Hochzeitsfeier. *In Neubaugebieten wird der Richtkranz* am Dachgiebel befestigt. Es waren wieder Nachbarn, die vorher einen Sparren versteckten, den das Bauherrenpaar suchen und gegen Schnaps auslösen muss. *Einen Tag vor Nikolaus* findet das traditionelle Verknobeln von Torten, Geflügel, Wild und Wurst in Kneipen, Vereinslokalen und dem Einzelhandel statt. Die höchste Augenzahl bei drei Würfeln gewinnt den vorher ausgelobten Preis.

AURICH & LANDKREIS AURICH

Das Tor zur Fußgängerzone in Aurich. Hier gibt es für jeden Geschmack etwas. Im Hintergrund die alte und ehrwürdige Lambertikirche

Die Stadt Aurich aus der Luft. Schön zu sehen der Wasserlauf mitten in der Innenstadt. Auf der Sportanlage »Ellernfeld« steht auch das Spaßbad »Baaltje«.

In Aurich ist es traurig …

... so fängt ein alt hergebrachtes Sprichwort an. Doch es geht noch weiter: »in Leer noch viel mehr, in Emden is nichts to ›hemm‹.« Somit schließt sich der Kreis. Zwischen den Städten herrscht seit jeher ein erbitterter Kampf, wer von beiden die Vorherrschaft haben soll. Emden, die Großstadt, oder Aurich, durch den zahlenmäßig großen Landkreis nicht unwesentlich kleiner.
Aurich ist unter dem Begriff »Ostfrieslands heimliche Hauptstadt« bekannt. Denn Jahrhunderte lang war sie als Residenzstadt Mittelpunkt regionaler Politik und Kultur. Bereits 1491 erhielt Aurich Stadtrechte und entwickelte sich mit dem Aufstreben der Häuptlingsfamilie Cirksena zum Verwaltungsmittelpunkt. 1539 wurde der Ort zur Hauptstadt der Grafschaft und des späteren Fürstentums Ostfriesland. Mit dem Aussterben des Cirksena-Geschlechts im Jahr 1744 fiel Aurich an Preußen und übte seine Hauptstadtfunktion nunmehr in der preußischen Provinz Ostfriesland aus. Heute ist Aurich immerhin noch Kreisstadt und der dazugehörige Landkreis flächenmäßig der größte in Niedersachsen.

Innerhalb der zum Teil erhaltenen Wallanlagen hat Aurich den Charakter einer Residenzstadt recht gut bewahrt. So erhebt sich auf dem Georgswall der Neorenaissancebau der »Ostfriesischen Landschaft«, ehemals der politische Verbund der ostfriesischen Stände und heute zentrale Institution kultureller Selbstverwaltung. Dahinter steht das breitgelagerte »Neue Schloss« – es wurde 1851 bis 1855 auf den Grundmauern der mittelalterlichen Burg erbaut, die das Häuptlingsgeschlecht der tom Brook im 14. Jahrhundert hatte errichten lassen.

Geschichtliches in Aurich erleben

Wahrzeichen Aurichs ist allerdings der Turm der Lambertikirche, der sich über die Burgstraße erhebt. Die belebte, zum Shopping einladende Fußgängerzone führt zum bemerkenswert großen Marktplatz, der über 150 Meter lang und 50 Meter breit ist. Mitten darauf steht eine gläserne Markthalle, die in der Adventszeit als überdimensionales Knusperhäuschen zahlreiche Besucher anlockt. Markantestes Bauwerk am Marktplatz ist der 25 Meter hohe Turm des Aachener Bildhauers Albert Sous, der sich so gar nicht in die vorhandene Architektur einfügen will und dessen Errichtung eine Vielzahl von Diskussionen ausgelöst hat. Immerhin lässt das Kunstwerk stündlich ein unbestritten hübsches Glockenspiel erklingen.

Aurich hat einen Hafen – sehr sehenswert

Die Stadt hat auch einen Binnenhafen, der allerdings etwas abseits liegt. Neben Booten von Freizeitskippern und einigen Lastschiffen ankert hier auch das kleine Ausflugsschiff MS AURICH, das regelmäßig auf dem Ems-Jade-Kanal bis nach Emden tuckert. Dieser 72 Kilometer lange Kanal verläuft durch das ostfriesische Binnenland vom Dollart bis zum Jadebusen. Auf ihm fuhren seinerzeit die Schuten, um ihre Waren in Ostfriesland abzuladen. Mit Pferden an den Ufern oder mit langen Lanzen wurden die Gefährte über die Kanäle geschoben oder gezogen. Auch heute

Ostfriesland ist berühmt für seine Kanäle und Flüsse. Mit dem Boot kann man das Land bequem erkunden.

Der Schlossplatz in Aurich. In unmittelbarer Nähe kann man sich stilvoll im »Hochzeitshaus« das Jawort geben.

hat der Kanal noch einen wirtschaftlichen Hintergrund. Mehrmals im Monat fährt das kleine Binnenschiff NANKEA von Emden nach Aurich, um dem im Auricher Hafen ansässigen Betonwerk Nachschub zu liefern. Auch das Finanzamt hat seinen Amtssitz im Auricher Hafen. Gebühren, Zölle und Steuern haben seit jeher auch etwas mit der Schifffahrt zu tun. Wohl nicht nur Zufall, dass die Steuereintreiber dort über den Hafen ein Auge haben.
Wer das Wesen Ostfrieslands kennenlernen möchte und die Zusammenhänge zwischen Wasser und Himmel, zwischen Menschen und Moor verstehen will, der sollte sich für eine Tour auf dem Ems-Jade-Kanal entscheiden.

Der geschichtsträchtigste Ort Aurichs, der *Upstalsboom*, ist allerdings nicht auf dem Wasserweg zu erreichen. Etwa drei Kilometer vom Stadtkern entfernt biegt man im Ortsteil Rahe von der Landstraße nach Oldersum rechts in die Straße »Zum Upstalsboom« ab. Zu Fuß erreicht man einen Hügel, auf dem eine steinerne Pyramide steht. Auf einer durch die letzte Eiszeit aufgestauten Anhöhe war die Versammlungsstätte der Abgesandten der friesischen Landesgemeinden, der »Sieben Seelande«. Hier wurde vom 12. bis 14. Jahrhundert Recht gesprochen und die Einheit und berühmte friesische Freiheit beschworen. Der Hügel stammt allerdings aus einer noch früheren Zeit. Bei Ausgrabungen fand man ein Damaszenerschwert, Glasperlen und drei eiserne Messer aus Bestattungen, die um 800 stattgefunden hatten. Es handelt sich also um einen Grabhügel, wahrscheinlich den einer bedeutenden Familie.

Klettern im Wald von Sandhorst

Wer es sportlicher mag, sollte sich dagegen in den Kletterwald »kraxelmaxel« aufmachen. In dem wunderschönen Mischwald bei Sandhorst, mit mächtigen, über 140 Jahre alten Douglasien kann man bis zu 60 Übungen absolvieren, die sowohl bei Profis als auch bei Anfängern für abwechslungsreichen Kletterspaß sorgen. Die Parcours werden der Reihe nach durchklettert und dabei immer höher und schwieriger.

Es gibt sogar eine »Mühlentour« – mit dem Fahrrad entlang historischer Windmühlen in Ostfriesland.

Entspannung findet man danach garantiert im *»De Baalje«* – dem neuen Spaß in Aurich. Waschzuber ist ein bescheidener Name für die neue Schwimm- und Saunalandschaft, die in der Region mittlerweile viele Freunde gewonnen hat. Mit einer Gesamtwasserfläche von 1.700 Quadratmetern, verteilt auf acht Becken, wie zum Beispiel einem Solebecken und einem Freibad, ist dort auch ein großzügiger Saunabereich und ein Sandstrand mit großer Spiel- und Liegewiese sowie eigener Strandbar angelegt. Wenn das Wetter mal nicht so gut ist, findet man hier genau die richtige Freizeitbeschäftigung. Das Bad ist ganzjährig geöffnet. Es hat sogar 20 Wohnmobilplätze mit Strom- und Wasserversorgung.

BROOKMERLAND

Das Gebiet der heutigen Samtgemeinde Brookmerland im Nordwesten Ostfrieslands liegt auf einem Teil der historischen Region Brookmerland, dessen Bezeichnung von dem altfriesischen und altniederdeutschen

Der Hafen der Stadt Aurich. Von hier starten Ausflugsboote. Oben das Schloss, es ist Sitz der Justiz.

Wort »brök« stammt. »Brök« bezeichnet eine moorige Bruchlandschaft, die früher kaum besiedelt war. Diese zog sich vom Westrand des ostfriesischen Geestrückens, von der Ley, dem Norder Tief bis zur Flumm, dem Fehntjer Tief.

Störtebekerland – Heimat der Piraten

Ein Teil des Brookmerlandes ist auch als Ferienregion Störtebekerland bekannt. Großheide, Hage und Marienhafe bilden dieses Störtebekerland, welches nach dem »Schrecken der Meere«, Klaus Störtebeker, benannt ist. Der Sage nach suchte er im 14. Jahrhundert Zuflucht im Hafen von Marienhafe und hauste im heutigen, nach ihm benannten Turm.

Die idyllische, vielfältige Landschaft biete ein ideales Ziel für einen ausgewogenen Urlaub. Kulturelle Vielfalt, ein abwechslungsreiches Gesundheits- und Freizeitangebot verbunden mit der wunderbaren Natur bieten jedem Gast die Möglichkeit, seinen Urlaub in vollem Umfang zu genießen. Erholung, Ruhe, Entspannung.

Die *Samtgemeinde Brookmerland* umfasst seit ihrer Gründung im Jahr 1969 neben der Gemeinde Marienhafe noch die Mitgliedsgemeinden Leezdorf, Osteel, Rechtsupweg, Upgant-Schott und Wirdum. Diese haben ihre politische und rechtliche Unabhängigkeit behalten, so hat zum Beispiel jede Gemeinde noch ihren eigenen Bürgermeister.

Zum kulturellen Erbe der Samtgemeinde gehören die historischen Kirchen in Marienhafe und Osteel mitsamt ihren Orgeln. Daneben finden sich weitere historische Gebäude wie Steinhäuser ehemaliger Häuptlinge, Gulfhöfe und Windmühlen.

Ostfriesische Kirchen haben von jeher eine große Bedeutung. Nicht zuletzt waren sie, durch ihre Lage auf den Warfen, Zufluchtsort bei Sturmfluten.

HINTE

Nördlich der Stadt Emden liegt in einer idyllischen, mit Kanälen durchzogenen Landschaft die Gemeinde Hinte. Touren mit dem Paddelboot nach Emden, zum Großen Meer oder nach Greetsiel bieten sich dem Besucher an.
Es steht im Guinessbuch der Rekorde: Der schiefste Turm der Welt steht nicht in Pisa, sondern in Suurhusen. Nur intensive Sanierungs- und Sicherungsmaßnahmen

Die Burg Hinta in Hinte ist heute im Privatbesitz.

Alte Mühlsteine. Zwischen ihnen wurde das Getreide gemahlen. Der Wind trieb die schweren Räder an.

verhinderten einen Einsturz der Kirche aus der ersten Hälfte des 13. Jahrhunderts und des spätgotischen Turms, der 1450 an das verkürzte Kirchenschiff angebaut wurde.
Kirchenführungen werden vom 1. April bis 31. Oktober täglich von 10:30–13:00 und von 15:30–18:00 Uhr angeboten. Mit 2,43 Metern Überhang gen Westen neigt sich das Gemäuer stärker als der berühmte Turm im italienischen Pisa.

Die *Burg Hinta* besticht durch ihr einmaliges Ensemble von Kirche und Burg. Die in sich geschlossene vierflügelige Burganlage hat ihren ältesten Teil in dem eingeschossigen Steinhaus mit einem an der Südseite erhalten gebliebenen Treppengiebel und wurde von den Häuptlingen Aild Allena (1482) und Frederik Allena (1527) geschaffen.

SÜDBROOKMERLAND

Inmitten des Städtedreiecks Emden, Aurich und Norden, im Herzen Ostfrieslands und ganz nah an der Nordsee, liegt die Gemeinde Südbrookmerland. Das Große Meer mit seinen schilfgesäumten Ufern, ein Flachmoorsee von etwa 460 Hektar Wasserfläche und einer Tiefe von nur etwa einem Meter, ist der größte Binnensee Ostfrieslands und ein herrliches Natur- und Wassersportparadies. Er ist Naherholungs- und Ausflugsziel zugleich. Im Winter lässt es sich auf dem zugefrorenen See wunderbar Schlittschuh laufen. Selbstverständlich gibt es hier auch einen Campingplatz, Wassersportmöglichkeiten wie eine Surfschule oder einen Tretbootverleih. Im Großen Meer kann man auch herrlich baden gehen oder mit dem Segelboot in See stechen.
In *Marienhafe* (Upgant-Schott) steht auch eine von Ostfrieslands Kartbahnen. Kleine »Michael Schumachers« können hier kräftig das Gaspedal durchtreten.
In *Moordorf* finden Interessierte das Moormuseum. Teile Ostfrieslands sind Moorflächen. Die Menschen, die hier lebten und arbeiteten, werden im Museum dargestellt – ihre Behausungen, ihre Werkzeuge und wie sie seinerzeit – unter schweren Bedingungen – ihr Überleben sicherten.
In *Aurich-Tannenhausen* gibt es einen weiteren Binnensee, der als Baggersee nun den Sonnenhungrigen und Wassersportlern wie Tauchern zur Verfügung steht. Gleich nebenan, am Ewigen Meer, ist die älteste Straße Deutschlands zu bewundern. Auf Balken sind früher die Menschen trockenen Fußes von hier nach da gelangt. Am Ewigen Meer wird Frühgeschichte sichtbar. Ein toller Spaziergang durch die Moorlandschaft wird Sie verzaubern.

IHLOW

Ihlow, das ist ostfriesische Lockerheit, Natur, Historie und Aktivurlaub. Zu finden ist die Gemeinde im Städtedreieck Aurich-Leer-Emden. Geschichtlich Interessierte werden sich für die alten Mühlen, romantischen Kirchen und vor allem die Klosterstätte im Ihlower Forst begeistern.

Der Wind trocknet auch die Wäsche in den Gärten.

Jeder Besucher der *Ihlower Klosterstätte* erlebt das Areal auf seine ganz eigene Weise. Wer ein historisches Bauwerk inmitten des Waldes erwartet, wird eines Besseren belehrt. Über die Baumwipfel erhebt sich eine moderne Teilrekonstruktion der früheren Zisterzienserabtei »Schola Dei«. Stahl und Holz bilden Pfeiler, das Gewölbe sowie den Dachreiter des einst größten Gotteshauses zwischen Bremen und Groningen nach. Die Dimensionen des einstigen Sakralbaus: mehr als 68 Meter Länge und im Querhaus rund 35 Meter Breite. Um dieses Raumerlebnis nachzuempfinden, schuf der Architekt mitten im Wald eine »Imagination« der Klosterkirche.
Eine weitere Besonderheit stellt der unterirdische Raum der Spurensuche dar, er bietet eine Kombination aus Ausstellungsraum mit archäologischen Grabungsfunden und einer Stätte für Besinnlichkeit mit einem Altar. An die Südseite der Imagination schließt sich der Klostergarten mit seinen Stauden, Blumen, Büschen und Kräutern an. Wer über seine Pfade wandelt, kann viel über die Wirkung und Bedeutung der Pflanzen im Mittelalter erfahren.

Die Klosterstätte Ihlow ist das ganze Jahr über frei zugänglich. Sie ist auch Startpunkt für Pilgertouren auf dem Pilgerweg »Schola Dei«.

GROSSEFEHN

Einst aus dem Moor entstanden, ist Großefehn, auch das Fünf-Mühlen-Land genannt, heute ein vielseitiger Landstrich und eine beliebte Urlaubsregion. Die Gemeinde mit ihren 14 am Kanal gelegenen Dörfern bietet dem Besucher ein Ostfriesland wie aus dem Bilderbuch.

ULBARGEN

Weite Meeden auf der einen und durch Wallhecken entstandene Nischen auf der anderen Seite: Nur getrennt durch die Ulbarger Straße liegen die beiden ostfriesischen

Landschaftstypen hier direkt nebeneinander. Früher gab es hier noch ein Klostervorwerk und in Dorfnähe die »Üterborg«, an die heute lediglich ein gleichnamiger Weg erinnert.

WRISSE

Als eine der kleinsten Ortschaften der Gemeinde liegt Wrisse inmitten der Wallheckenlandschaft. Radler machen gerne unter der alten Dorflinde Halt und nutzen den Grillplatz mit Hütte für eine Rast. Sie ist auch Treffpunkt bei traditionellen Veranstaltungen wie dem Maibaumaufstellen. Wer sich für ostfriesische Kuriositäten interessiert, ist im »Oll Reef Hus« richtig. In dem Gulfhof befindet sich ein Privatmuseum, das sonn- und feiertags geöffnet hat. Im Gulfhof »Tjaden« werden Kochkurse angeboten, bei denen kleine Gruppen die ostfriesische Küche erlernen und genießen können.

FELDE

Von Wiesen und Wallhecken umgeben ist die kleine Ortschaft Felde. Das Dorf in der Flumm-Niederung entwickelte sich mit der Landwirtschaft. Seit 1866 steht hier eine der fünf Mühlen der Gemeinde. Bekannt ist Felde für seinen Schützenumzug im Herbst, an dem alle Spielmannszüge aus der Umgebung teilnehmen.

FIEBING

Nur rund 180 Einwohner sind hier zu Hause. Erst 1783 gegründet, ist die Moorsiedlung ein vergleichsweise junges Dorf. Seinen Namen hat das Örtchen von seinem ersten Siedler Tamme Fiebing (der Name geht auf das Wort »Viehweg« zurück). Es ist der kleinste Fehntjer Ort. Da der Boden wenig ertragreich war und die Parzellen zu klein, wanderten etliche Fiebinger nach Amerika aus, gründeten in Nebraska ihr eigenes Dorf und benannten es nach ihrer Heimat, heute heißt es allerdings Auburn.

AKELSBARG

Ein »Barg« (Berg) im flachen Ostfriesland? Tatsächlich verläuft der Ems-Jade-Kanal, der die Ems mit dem Jadebusen verbindet, durch das sogenannte »Ostfriesische Bergland«, und ebendort liegt Akelsbarg – eine stille, kleine Moorkolonie mitten in einer Wallheckenlandschaft. Sehr lebhaft werden die Dörfler beim im Mai stattfindenden Boßelfest, das man sich auch als Tourist nicht entgehen lassen sollte.

STRACKHOLT

Strackholt gehört zu den ältesten Ortschaften, was die St.-Barbara-Kirche aus dem 13. Jahrhundert eindrucksvoll dokumentiert. Zudem ist Strackholt, was so viel heißt wie »aufrechte Bäume«, für seine Wallhecken bekannt.

HOLTROP

Holtrop entstand im 12. und 13. Jahrhundert. Aus dieser Zeit stammt auch die St.-Jürgen-Kirche, eine der größten Dorfkirchen Ostfrieslands. Ihr schiefer Glockenturm ist zum Wahrzeichen der Ortschaft geworden.

BAGBAND

Die Entstehung des Bauerndorfes Bagbands soll an die tausend Jahre zurückliegen. Mittelpunkt ist die im 13. Jahrhundert errichtete St.-Barbara-Kirche. Wahrzeichen Bagbands ist jedoch die an der B 72 liegende Mühle, der »Mühlenhof« ist ein beliebtes Ausflugsziel, ebenso wie die Brauerei mit Museum, die sich 1998 in der ehemaligen Molkerei in der Ortsmitte angesiedelt hat. Das dunkle Landbier namens »Ostfriesenbräu« kann man gleich vor Ort kosten. Erwähnenswert ist der Vieh- und Krammarkt im April, der 1864 zum ersten Mal stattfand.

MITTEGROSSEFEHN

Umschlossen von vier Kanälen wechseln sich Neubausiedlungen mit Fehnhäusern und alten Gulfhöfen ab. Schon 1713 stand in Mittegroßefehn eine Brauerei, schließlich war der Durst der Kanalgräber und Torfarbeiter genauso groß wie ihr Fleiß. Der Geistliche Johann Heinrich Leiner sorgte 1865 dafür, dass hier eine Kirche entstand. Auch seine Initiative für ein Rettungshaus für benachteiligte Kinder war erfolgreich. Das Jugendhilfezentrum Leinerstift besteht heute noch.

Gut erhaltenene Häuser in Aurich prägen das Bild der Stadt.

SPETZERFEHN

Kanäle und Wieken prägen das Bild von Spetzerfehn. Bis zur Mitte des 18. Jahrhunderts bestand das Gebiet ausnahmslos aus Hochmoor. 1746 genehmigte Preußen-König Friedrich II., im »Königlichen Fehn« Torf zu stechen. »Spetze« hieß hier seinerzeit der uralte Pfahldamm von Strackholt nach Aurich-Oldendorf. Der Bohlenweg war eine Verbindung durch das Hochmoor und zugleich Grenze zwischen dem Auricherland und dem Moormerland. An zentraler Stelle stößt man auf den dreistöckigen Galerie-Holländer, der noch heute in Betrieb ist. Auf dem Festplatz am Ülkeweg findet alljährlich im Juli das größte Volksfest der Gemeinde Großefehn statt.

OSTGROSSEFEHN

Ostgroßefehn ist das Zentrum der gesamten Gemeinde und beherbergt deren Verwaltung. Sehenswert ist die reetgedeckte Windmühle, in der eine Malschule und eine Galerie untergebracht sind. Leckere Pfannkuchen gibt es im ehemaligen Torfschiff ANTJE auf dem Großefehnkanal. Mit seinen 14,5 Metern ist der Arends-Hügel eine der höchsten Erhebungen Ostfrieslands und bietet einen weiten Blick über die Landschaft.

AURICH-OLDENDORF

Hinter Aurich-Oldendorf begann einst das Moorgebiet. Heute kann man hier durch eine herrliche Wallheckenlandschaft schlendern, reiten oder radeln. Sehenswert die Einraumkirche mit separatem Glockenturm, die man 1280 auf einer Warf errichtete. In jener Zeit soll es dort auch eine ansehnliche Burg gegeben haben.

WESTGROSSEFEHN

Richtig schön zeigt sich Westgroßefehn mit den Mühlen »Onken«, einer weißen Klappbrücke und den schmucken Kapitänshäusern am Großefehnkanal, in dem die FRAUKE an der Schleuse vertäut ist. Das Fehnmuseum »Eiland« erzählt die Geschichte des Landstrichs. Hier siedelten sich die ersten Kolonisten an und hier erfolgte am 20. April 1634 der erste Torfstich. Anfangs hieß der neu entstandene Ort Timmeler Fehn. Schon 1700 soll es eine Werft am Butendeep beim Eiland gegeben haben. Die Werften brachten Westgroßefehn den wirtschaftlichen Aufschwung. Ein uraltes Handwerk wird im Webmuseum »De Weevstuuv« lebendig. In der winzigen Dorfschule von 1833 kann man Webkurse belegen, Spinnen und das Färben mit Pflanzenfarbe erlernen oder das Museum besuchen.

Eine relativ neue Errungenschaft in Ostfriesland sind die »Paddel & Pedal«-Stationen für kombinierte Touren mit Rad und Kanu – sehr zu empfehlen.

TIMMEL

Timmel ist als anerkannter Luftkurort das touristische Zentrum der Gemeinde. Die günstige Lage zwischen Aurich und Leer sowie das Timmeler Meer ziehen zahlreiche Gäste an. Pferdefreunden bietet das Reitsport-Touristik-Centrum Ostfriesland (RTC) eine der größten und modernsten Reitsportanlagen in Niedersachsen. Timmel ist überdies das wohl älteste Dorf der Gemeinde.

STADT LEER & LANDKREIS LEER

LEER – DIE BEDEUTENDE HAFENSTADT AN DER LEDA

Die Stadt Leer, auch »Tor Ostfrieslands« genannt, ist eine gemütliche Stadt mit 34.000 Einwohnern. Durch die zentrale Lage – auch zu den Niederlanden – ist die Leda-Stadt in den vergangenen Jahren gewachsen und aufgewertet worden. Die romantische Altstadt hat die Einkaufsstadt über die Region hinaus bekannt gemacht. Dicht beieinander finden sich in den historischen Bürgerhäusern

Nächtliches Leben auf der Ems.
Schiffe dieser Größenordnung sind Neubauten
der Meyer Werft in Papenburg.

originelle kleine Geschäfte und viele Cafés. Direkt am Museumshafen liegen mit dem Rathaus und der »Waage« die beiden Wahrzeichen der Stadt. Im Haus »Samson« befindet sich eine umfangreiche Privatsammlung ostfriesischer Wohnkultur. Allein die im niederländischen Barock errichtete Fassade von 1643 wird Sie begeistern. Flanieren Sie durch die ostfriesische Altstadt in Leer und genießen Sie den Duft von Tee in der Luft. Am besten kehren Sie danach im Teemuseum »Bünting« ein, einem von Johann Bünting 1806 eröffneten Kolonialwarenladen, der Ihnen alles über das »schwarze Gold« der Ostfriesen erzählt. Oder Sie gönnen sich hochkalorische Köstlichkeiten in der traditionsreichen Bäckerei Poppinga, die im Ursprung immer noch so aussieht, wie die Bäckereien früher aussahen. In der Nähe des Hafen, steht das alte Rathaus – ebenfalls ein Prachtbau in der Altstadt, den Sie nicht links liegen lassen sollten. Den hohen, roten Rathausturm sieht man bereits von Weitem. Er führt den Besucher in die wunderschöne Altstadt. Zusammen mit der historischen Waage bildet

Ostfriesland hat jeher die Menschen künstlerisch inspiriert.

Das Leben am Wasser bei Petkum mit Blick auf die Ems und Ditzum

Das Sperrwerk bei Gandersum.
Links: der Fährmann der kleinen Emsfähre

das Rathaus, welches direkt am idyllischen Binnenhafen liegt, ein malerisches Bild. 1894 wurde das repräsentative Gebäude nach Entwürfen von Prof. Henrici aus Aachen im deutsch-niederländischen Neorenaissancestil erbaut. Von innen beeindrucken Deckengemälde, Holzvertäfelungen und Fußbodenmosaike. Vom Rathausturm mit seinem stündlich wechselnden Glockenspiel hat man einen weiten Blick über die Stadt.

Die Stadt Leer ist neben Hamburg der wichtigste und größe Reedereistandort in Deutschland. Am Hafen, gegenüber der Altstadt, haben sich in den letzten Jahren zahlreiche Firmen niedergelassen, die in der Schifffahrt tätig sind. Dort ebenfalls neu ist ein Wohngebiet im Stil der Hamburger Hafencity. Wohnen am Wasser, flanieren

Der Landkreis bietet viel für das Auge.

und sich wohl führen – darin ist die Stadt Leer Vorreiter – nicht zuletzt, weil durch die guten Geschäfte mit der Schifffahrt die Gewerbesteuerkasse stets gut gefüllt ist. Der Hafen bietet sich besonders als Wanderstrecke an. Eine Steganlage führt zu allen wichtigen Stellen im Leeraner Hafen.
Der Hafenbereich rund um das Café »Schöne Aussichten«, welches seinen Namen ganz zu Recht trägt, ist hochmodern und erinnert den Besucher eher an die Rheinpromenade Düsseldorfs. Ohne Verzehrzwang und ganz jugendlich-leicht kann man den Blick aufs Wasser auch von den überdimensionierten Sitzstufen vor dem Café genießen.
Am Wasser entlang bietet sich ein Spaziergang zum Leeraner Museumshafen an. Dort liegen viele Kutter und Schiffe aus früheren Zeiten. Die maritimen Schätze lassen sich aus nächster Nähe bewundern. Betrieben und gepflegt wird der Museumshafen vom »Schipperklottje«, einer Abteilung des Heimatvereins der Stadt.

In der Plytenbergstraße in Leer erhebt sich ein neun Meter hoher Hügel, der, von volkstümlichen Sagen umwoben, seit jeher als geheimnisvoll und mystisch gilt. Was hat man diesem Plytenberg nicht schon alles angedichtet: Er soll das Bootsgrab eines hier verstorbenen Wikingerfürsten enthalten, er soll ein vorgeschichtlicher Grabhügel, ein Heiligtum, eine Kultstätte, ein Marktplatz, eine Burgstelle, ein Hexentanzplatz und einiges mehr gewesen sein. In ihm sollen Heinzelmännchen, die »Eerdmanntjes«, gewohnt haben. Da der unter Denkmalschutz stehende Hügel durch Ausgrabungen nicht angetastet werden soll, werden die Spekulationen wohl einstweilen nicht aufhören.

In der ehemaligen ***Jüdischen Schule*** wurde ein Ort der Erinnerung und des Gedenkens, für Ausstellungen und kulturelle Veranstaltungen zum jüdischen Leben damals und heute geschaffen. Ein Besuch lohnt sich.

Die Ursprünge der ***Evenburg*** gehen zurück auf den niederländischen Oberst Ehrentreuter, der das niederländisch-barocke Wasserschloss 1642–50 für seine Ehefrau Eva von Ungnad erbauen ließ. Das Schloss kam dann in den Besitz der Grafen von Wedel und wurde 1850 im Stil der Neogotik umgebaut. Nach Jahrzehnten der Vernachlässigung kam das Schloss 1975 in den Besitz des Landkreises Leer und wurde nun aufwendig saniert. Der Park präsentiert sich wieder als englischer Landschaftspark, in dem man jederzeit wunderschön spazieren gehen kann.

Eine Ausflugsalternative an Regentagen bietet das ***Leeraner Miniaturland.*** Die Insel Borkum, das Rathaus von Leer, das Volkswagenwerk Emden oder die Papenburger Meyer Werft: In der 1.200 qm großen, klimatisierten Halle kann der Besucher die gesamte ostfriesische Halbinsel im Maßstab 1:87 ganz bequem bestaunen. Neben über 1.000 Gebäuden und Sehenswürdigkeiten gibt es aber auch viele kleine Szenen aus den Städten, Dörfern und Landschaften zu entdecken.

Die ***Gemeinde Moormerland*** (Landkreis Leer) reicht vom Moor bis ans Meer: Ein Gebilde, das bei der großen Gebietsreform 1972 in Niedersachsen aus elf ehemals selbstständigen Gemeinden geformt wurde.

BOEKZETELERFEHN

Die älteste Urkunde über Boekzetelerfehn stammt aus dem Jahr 1647 und macht es somit zu einem der ältesten ostfriesischen Fehne. Seinen Ursprung hat Boekzetelerfehn im ersten Kloster Ostfrieslands.

GANDERSUM

Gandersum liegt am nördlichen Emsufer zwischen Emden und Oldersum und ist der kleinste Ort in der Gemeinde Moormerland. Er wird bereits im Grundbuch der Abtei Werden für den Zeitraum um das Jahr 1000 als »Gondrikeshem« genannt. Mit den Plänen zum Emssperrwerk geriet Gandersum Ende der 1990er Jahre

Mit Muskelkraft wird die Kurbelfähre über den Kanal gezogen.

Zahlreiche Seen bieten Gelegenheit für Wassersport und ein Sonnenbad.

verstärkt in den Blickpunkt der Öffentlichkeit. Seit der Fertigstellung des Bauwerks 2002 hat der Fremdenverkehr dort erheblich zugenommen. Das große Wasserbauwerk kann besichtigt werden. Besonderes Highlight sind die Überführungen der großen Kreuzfahrtschiffe der Papenburger Meyer Werft, wenn sich die über 300 Meter langen Schiffe durch das Nadelöhr der Ems schlängeln und auch das Sperrwerk passieren. Endlang des Flusses säumen sich dann die Schaulustigen, die sich das Ereignis ansehen. Auf der Homepage der Meyer Werft sind die Fertigstellungstermine verzeichnet. Ein Kurztrip an die Ems lohnt sich dann besonders.

JHERINGSFEHN

Das Geschlecht der Jherings, das seit 1561 in Ostfriesland nachweisbar ist, arbeitete drei Generationen hindurch für die Gewinnung von Neuland an der Küste durch Eindeichung des Vorlandes. Im Jahr 1772 fiel dann zum ersten Mal auch die Bezeichnung Jheringsfehn. Heute zählt die Ortschaft, die bis 1972 zum Landkreis Aurich gehörte, kanpp 2.500 Einwohner. Die Kirche teilen sie sich mit Boekzetelerfehn – mit getrennten Eingängen, die bis heute benutzt werden. Die Fehngebiete sind touristisch sehr interessant. Die Flüsse ziehen sich durch die Landschaft und dienten früher als Transportwege. An ihnen kann man wunderschön spazieren gehen und die weite Landschaft genießen.

NEERMOOR

Das Straßendorf Neermoor liegt in erhöhter Lage auf dem Geestrand, der das rechte Ufer der Ems begleitet. Das markanteste Gebäude ist die Kirche aus dem Jahr 1797. 1875 wurde der 33 Meter hohe Turm um zwölf Meter erhöht. Auch die Villa im Ort ist sehenswert, sie beherbergt das Tourismusbüro. Der angrenzende Wald ist ideales Ausflugsgebiet für schöne Spaziergänge an frischer Waldluft.

OLDERSUM

Die Siedlung wurde bereits um 700 bis 800 auf einer Langwarf (einem künstlichen Erdhügel) an der Mündung des Fehntjer Tiefs in die untere Ems gegründet und ist der einzige Hafenort in der Gemeinde Moormerland – mit eigener Reeperbahn: Die ehemalige Seilerei »Diepen« ist eine museale Attraktion. Im Hafen bringt die Schiffswerft Diedrich überwiegend Fährschiffe auf Vordermann. An der angrenzenden Paddel- und Pedalstation kann man sich ein Boot mieten und Ostfriesland von der Wasserseite beobachten.

TERGAST

Tergast, von Einheimischen liebevoll auch »Texas« genannt, versorgt die Seehafenstadt Emden seit über 100 Jahren mit Trinkwasser. Das Wasserwerk der Stadtwerke Emden wurde Ende der 1890er Jahre errichtet. Heute stehen in dem Ort 20 Tiefbrunnen und drei Flachbrunnen aus den Wassergewinnungsgebieten Tergast und Simonswolde zur Verfügung. Sie sind über zwei Trinkwasser-Transportleitungen mit der Stadt Emden verbunden. Das Wasserwerk lässt sich auch besichtigen.

VEENHUSEN

Die Anfänge des Dorfes reichen bis in das 12. Jahrhundert zurück. In den Registern der »Münsterschen Pfarren« wird es 1435 erwähnt. Ein Geheimtipp in Veenhusen ist vor allem das Naturschutzgebiet Wolfsmeer: ein lauschiges Birkenwäldchen mit einem See in der Mitte.

WARSINGSFEHN

Warsingsfehn ist mit Schule und Rathaus das Zentrum der Gemeinde Moormerland. 1736 gilt als das Gründungsjahr des größten Fehnortes, der nach Dr. Gerhard Warsing benannt wurde. Er kaufte 1726 das durch

Ruhepause am Kanal bei Stickhausen. Rechts eine Bronzestatue im Hafen von Weener

die Weihnachtssturmflut 1717 überschwemmte Land auf und siedelte die Menschen am Rand des Hochmoors neu an. Die Geschichte des Landstrichs wird im historischen Fehnhaus »Heitens Huus« an der Hauptwieke erzählt. Die übrigen Gemeinden Hatshausen-Ayenwolde, Rorichum und Terborg sind vor allem für Radwanderer interessant.

Die malerischen ***Orte wie Ditzum, Pogum, Jemgum, Bunderhee oder Midlum*** liegen zwar im Rheiderland, gehören aber zu Ostfriesland wie der Regennerz zu den Touristen. Mit der kleinen Emsfähre erreichen Sie von Emden-Petkum den Fischerort

Ostfriesland: ideal für Radfahrer. Es gibt unzählige Möglichkeiten, das Land per Rad zu erkunden.

Ditzum mit der bekannten Boots- und Schiffswerft »Bültjer«, die sich mit dem Schiffbau und der Reparatur von alten Holzschiffen einen Namen gemacht hat. Wunderschön ist auch der Spaziergang an der Ems oder in den kleinen Ortschaften ringsrum. Ditzum sollten Sie als Zwischenstation einplanen, um genüsslich die hiesigen Fischspezialitäten zu probieren. Von hier aus sind es auch nur wenige Kilometer bis in die Niederlande.

WEENER

Einen Abstecher nach Weener sollten sie unbedingt einplanen und im Hafen spazieren gehen oder in einem der urigen Fischrestaurants einkehren. Der Ort liegt ebenfalls an der Ems und ist als Sportboothafen ein Mekka für Touristen, die gern auf dem Wasser unterwegs sind. Neben dem Hafen lohnt sich ein Besuch im Heimatmuseum oder dem »Organeum«. In der Villa aus dem 19. Jahrhundert werden alle wichtigen Informationen zu den 18 Orgeln in der Region gezeigt. Neben Konzerten, die dort regelmäßig stattfinden, werden auch Kurse angeboten.

Mit der Handkurbelfähre geht es über den kleinen Kanal. Ein Spaß für alle.

Die Bültjer-Werft in Ditzum, auch Veranstaltungsort für das »Hafenkonzert« von Radio Bremen.

WILTSHAUSEN

Werden Sie Fährmann – ehrenhalber. In dem kleinen Ort gibt es die in Europa einzigartige Seilfähre, die seit 1652 in Betrieb ist. Der Fährmann zieht selbst Autos mit seiner »Pünte« über die teils stark fließende Leda. Der Püntenverein kümmert sich um das gute Stück, das pro Saison etwa 12.000 Radler übersetzt. Ebenfalls bei Leer gibt es eine Kurbelfähre, bei der Sie selbst Hand anlegen können, um von der einen auf die andere Uferseite überzusetzen. Ein Spaß für die ganze Familie.

MEYER WERFT IN PAPENBURG

Zwar nicht mehr Ostfriesland, doch der kurze Abstecher in das emsländische Papenburg lohnt sich auf jeden Fall. Hier entstehen die gigantischen Kreuzfahrtschiffe für die Welt. In den großen Hallen werden die Megaliner in Sektionsbauweise zusammengefügt. Das alles lässt sich sehr gut beobachten, denn die Werft bietet geführte Besichtigungen an – mit einem tollen Blick in die Dockhalle von einer extra eingerichteten Besucherterrasse. Die Stadt Papenburg sollten Sie sich aber auch ansehen.Wunderschön kann man an den Kanälen in der Stadt sitzen und dem Treiben zuschauen.

WIESMOOR

Vor 100 Jahren noch ein schier endloses Moor, gilt Wiesmoor heute als die Blüte Ostfrieslands. Und darum dreht es sich überall. In vielen Parks, Gärten und der Blumenhalle können Sie die Vielfalt, die hier geboten wird, in vollen Zügen genießen. Die Wahl der Blütenkönigin ist am ersten Sonntag im September das Highlight. Auf den Kanälen der Fehnlandschaft mit ihren urtümlichen Klappbrücken haben Wasserratten ihren Spaß bei Kanutouren oder sie geben sich dem passiven Genuss bei einer Fahrt auf der MS MOORNIXE hin.
Im ***Torf- und Siedlungsmuseum*** kann man die Zeit der Moorkolonisation ab 1780 bis zur Urbarmachung des 10.000 Hektar großen Wiesmoors ab 1906 lebhaft nachvollziehen. Eine Museumsbahn fährt den Besucher auf umgebauten Torfloren durch den Landschaftspark zum Museumsdorf, das aus zwei Kolonistenhäusern, einer Schmiede, einer Schule von 1913, einem historischen Trauzimmer, einer Scheune, einer Remise und einem Backhaus besteht. Im Backhaus wird an jedem ersten Sonntag im Monat Kolonistenbrot gebacken. Gezeigt werden außerdem Großgeräte zum Torfabbau, eine Gattersäge und zwei Fehnschiffe.
Leckermäuler sollten den Backtag an jedem ersten Sonntag im Monat nicht verpassen: Der frische Krinstuten aus dem Steinofen ist ein Gedicht.

Im Gartenpark des ***»Blumenreichs«*** können sich Hobbygärtner auf über fünf Hektar Fläche ausführliche Anregungen für die Gestaltung ihres eigenen grünen Reiches holen. Neben dem japanischen Garten, dem Rosengarten, mediterranem Garten und vielen Themengärten mehr kann man sich auch in einem Thai-Chi-Aktivbereich sportlich betätigen. Bei schlechter Witterung kann man in der kürzlich modernisierten Blumenhalle zwischen zahlreichen Blumen und Pflanzen wandeln und hat die Möglichkeit, sich per Hör- und Filmstationen über die Nutzung und Pflege dieser Pflanzen informieren zu lassen.
In Wiesmoor ist auch Ostrieslands ***Golf-Club*** ansässig. Ein weiterer befindet sich im Schlosspark in Lütetsburg und auf der Insel Norderney.

Wälder in Aurich oder Neermoor laden zum Spaziergang ein. Zahlreiche Möglichkeiten zur Erholung und sportlichen Aktivitäten gibt es hier. In Aurich befindet sich auch ein Kletterwald und ein Trimm-dich-Pfad. In Neermoor ist ein schöner Spiel- und Grillplatz angelegt.

NORDEN & LANDKREIS NORDEN

NORDEN – STADT MIT FLAIR UND GESCHICHTE

Norden, die älteste Stadt Ostfrieslands, überzeugt mit ihrem einzigartigen Marktplatz, der Ludgerikirche und den *stattlichen Bürgerhäusern* (Hausnummern 12, 13 und 14) – die »Dree Süsters« (Drei Schwestern) aus dem 17. Jahrhundert, erbaut im holländischen Frühbarock.
Die *Ludgeri-Kirche* ist heute der größte Sakralbau Ostfrieslands. Sie ist reich an wertvollen Ausstattungstücken wie dem protestantischen Schriftaltar von 1582 und dem spätgotischen Sakramentshaus von 1480. Das Prunkstück ist die zwischen 1686 und 1692 erbaute

Ein Muss für einen Besuch in Dornum: das Schloss und die schöne Altstadt

Arp-Schnitger-Orgel, die durch ihren Klang und ihre ungewöhnliche Anordnung besticht. Besichtigungen und Führungen werden regelmäßig angeboten.

Das *Ostfriesische Teemuseum* mit dem Museum für Volkskunde bietet in den historischen Räumen des alten Rathauses von Norden und seinen Nachbarbauten Einblicke in alte ostfriesische Lebensweisen, in die Wohnkultur und Stadtgeschichte. Zudem ist der vollständig erhaltene und in seiner Konstruktion für Ostfriesland einzigartige Gewölbekeller ein bemerkenswertes Zeugnis mittelalterlicher Backsteinbaukunst. Das Alltagsleben vergangener Tage zeigen vollständige alte Ladeneinrichtungen, Handwerksstuben und Büros. Aber auch die Wohnungen der kleinen Leute werden gezeigt. Die Abteilung Teekultur bietet einzigartige Einblicke in die weltumspannende Kultur des Teetrinkens. Sie erfahren alles über den Tee, seine Anbaugebiete, die Verarbeitung und die Herstellung der berühmten original ostfriesischen Teemischung. Für angemeldete Gruppen zeigt die Teeküche, wie der Tee in Ostfriesland traditionell zubereitet wird. Dazu gibt es natürlich eine Kostprobe.

Die Stadt Norden ist seit jeher bekannt für ihren guten ostfriesischen Tee und den klaren Schnaps mit Namen »Doornkaat«, der über Jahrzehnte hier hergestellt wurde. Die markante grüne Flasche ist in der Welt bekannt und zierte über viele Jahre den Ortseingang von Norden als übergroßes »Willkommensschild« mit der Aufschrift »Moin Moin«. Seit einigen Jahren wird der Schnaps nicht mehr in Norden produziert.

Der Norder Lokschuppen, gegenüber vom Bahnhof, wird Eisenbahnfans erstaunen. Hier parken historische Loks und Güterwagen einer frühen Eisenbahnepoche. Die Museumseisenbahn des Stellwerks Norden-Mitte braucht eine knappe Stunde bis nach Dornum.

In Norddeich bietet das Erlebnisbad *Ocean Wave* Wasserspaß der Superlative. In der großen Saunalandschaft lässt es sich prima entspannen. Mit Freibad am Strand, Kinderspielhaus, Yacht- und Fischereihafen, vielen Museen und dem Nationalpark Niedersächsisches Wattenmeer gibt es im Nordseebad Norden-Norddeich viel zu entdecken.

Die Seehundaufzucht- und Forschungsstation kümmert sich um verwaiste »Heuler« und ist eine der zwei Einrichtungen an der Küste. Es gibt Führungen, und die Fütterung der Tiere kann aus der Nähe beobachtet werden. Die Aufzuchtbecken der Anlage sind gut einsehbar für Besucher und Touristen. Es ist ein Muss für jeden Ostfriesland-Urlauber, hier vorbeizuschauen und die wichtige Arbeit der Naturschützer zu bewundern. Besonders Kinder sind immer wieder verzaubert von den kleinen Heulern, die spielerisch an den Schaubecken ihre »Kunststücke« zeigen. Oder aber sie liegen einfach nur faul in der Sonne. In Natura sind Seehunde meist zwischen Norddeich und Norderney zu bewundern, wenn die Fähren nahe an den Sandbänken vorbeifahren. Einige der Seehunde hatten ihre Kindheit im Norddeicher Aufzuchtbecken verbracht.

Wer ***Landschaft und Literatur*** zusammen entdecken will, sollte sich das »Krimicaching« nicht entgehen lassen. In glitzerndem Sand mit bunten Muscheln, in frischer Luft und mit einem internetfähigen Smartphone erwartet Sie ein spannendes, exklusives Hörbuch-Erlebnis entlang einer ausgeschilderten Strecke. Stück für Stück fügen Sie ein kleines literarisches Puzzle zusammen und lernen das Norderland von einer völlig anderen Seite kennen.

Der historische Marktplatz der Stadt Norden.
Alte Kaufmannshäuser prägen die Stadt.

Die ***Stadt Norden*** hat sich in den letzten Jahren zur Einkaufsstadt mit dem besonderen Flair entwickelt. In dem 25.000 Einwohner großen Ort findet seit den letzten Jahrzehnten ein Strukturwandel statt. Mittlerweile ist die Stadt im Norden aus ihrem Dornröschenschlaf erwacht und kann mit dem punkten, was Touristen und Urlaubern Spaß macht. Die Einkaufsstraße »Neuer Weg« wurde komplett saniert und bietet nun Einkaufen und Genießen auf eine ganz neue Art. In wenigen Gehminuten ist das »Norder Tor« erreicht, ein Einkaufszentrum, das besonders in der schlechten Jahreszeit alles bietet, was man für den Urlaub oder zum täglichen Leben braucht. Der Marktplatz bietet einen schönen Wochenmarkt und tolle Restaurants laden Sie zu typisch ostfriesischen Spezialitäten ein. Sie werden begeistert sein.

Wie Schlangen winden sich Kanäle durch das Land.

INSEL NORDERNEY

Fernab vom Alltagsstress, mitten im »Naturerbe Wattenmeer«, liegt die mondäne Insel Norderney mit ihrer abwechslungsreichen Naturlandschaft, ihrer Vielfältigkeit und den prachtvollen Bauten. Sie ist wohl die quirligste der Ostfriesischen Inseln. Gleich bei der Fährüberfahrt von Norddeich fällt die urbane Silhouette der Stadt ins Auge. Architektonisch herausragend zeigen sich Kurtheater, Kurhaus und Kurhotel aus der Gründerzeit. Das spektakulär umgestaltete »Badehaus Norderney« – ein ehemaliges Wellenbad – wird heute anspruchsvollen Wünschen gerecht. Norderney ist zudem der »Sportcrack« der Ostfriesischen Inseln. Das »White Sands Festival« zu Pfingsten kombiniert ein hochkarätig besetztes Beachvolleyball-Turnier mit einer Windsurf-Regatta und vor allem mit Party »bis zum Abwinken« (www.whitesandsfestival.de).

Die Insel existiert in heutiger Form erst seit Mitte des 16. Jahrhunderts und ist damit die jüngste der »Ostfriesischen Sieben«. Ab dem Jahr 1797 durfte sich Norderney »Königlich-Preußisches Seebad« nennen, von 1819 bis 1866 »Königreich Hannoversche Seebadeanstalt« – bis Preußen das Königreich Hannover vereinnahmte. Auf der zweitgrößten der ostfriesischen Eilande (26,3 Quadratkilometer) urlaubten zuerst überwiegend die oberen Zehntausend. Dichter wie Heinrich Heine, dem ein Denkmal gewidmet ist, und Komponisten ließen sich von der frischen Nordseebrise inspirieren. Heute verzeichnet die Insel über drei Millionen Übernachtungen pro Jahr. Von Norddeich fahren die Fähren nahezu im Stundentakt. Besonders geeignet ist Norderney für einen schnellen Tagesausflug. Die Fähren fahren tideunabhängig und bieten somit viel Zeit auf der Insel. Das erste Schiff auf die Insel und das letzte zurück (etwa 19 Uhr), und man hat den Tag perfekt genutzt.

DORNUM

Dornum, mit dem Schloss und der schönen Altstadt, sollte in keinem Ostfriesland-Urlaub fehlen. Der Ort besticht durch seine Sehenswürdigkeiten und seinem typisch ostfriesischen Ortsbild. Der 4.750 Einwohner zählende Ort ist für seine frische

Das Dornumer Schloss ist Austragungsort für zahlreiche Veranstaltungen.

Die Osterburg Dornum ist Hotel und Prachtstück zugleich.

Luft, die grüne Lunge, den typischen Flair in Fischerdorftradition als Nordseebad gekührt. Das nicht zu Unrecht. Dornum wird Sie verzaubern. Der ehemalige Häuptlingssitz ostfriesischer Herren bietet viel an altertümlicher Baukunst. In der ehrwürdigen Beningaburg lässt es sich fürstlich übernachten. Die Burg aus dem 14. Jahrhundert bietet rustikale Zimmer, einen Ahnensaal und eine Kellerkneipe.

Der alte Marktplatz in Norden wurde in den letzten Jahren liebevoll umgestaltet.

Das *Wasserschloss* aus dem 16. Jahrhundert wird oft als Kulisse für historische Veranstaltungen genutzt. Im Festsaal werden Konzerte aufgeführt. Das als »Norderburg« erbaute Wasserschloss wurde 1514 während der Sächsichen Fehde zerstört und 1534 wieder aufgebaut. Ein wunderschöner Ort zum Verweilen und Genießen. Führungen sind in den Ferien möglich, denn das Haus dient als Realschule des Ortes. Besonders der Rittersaal und die imposanten Löwen am Kopf der Brücke sind sehenswert. In der Nachbarschaft der Beningaburg finden Sie das »Oma-Freese-Huus« – ein Heimatmuseum in einem Backsteinhaus von 1850. Es zeigt regionale Handwerkskunst und einen Einblick in die frühe Lebensweise in Ostfriesland.

NORDDEICH

Norddeich werden sie lieben. Scharen von Urlaubern überströmen den kleinen Ort in jedem Jahr. Eigentlich ist er Fährhafen für die Schiffe nach Norderney und Juist, doch der Strand und die schöne Lage an der Nordsee haben Norddeich in den letzten Jahrzehnten beliebt gemacht für diejenigen, die die Insel Norderney zu stressig finden. Die Insel ist das »Sylt« der Norddeutschen, bekannt für ihre ausgelassenen Feierwütigen und nicht immer erste Wahl bei Touristen, die es gerne etwas beschaulicher haben und den Urlaub am Strand mit der Familie vorziehen. In Norddeich ist

Die Ludgerikirche in Norden. Der größte Sakralbau in Ostfriesland mit einer der schönsten Orgeln des Erbauers Arp Schnitger. Eine absolute Sehenswürdigkeit

das alles möglich. Ein schöner Sandstrand (durch die Gezeiten leider nicht immer mit ausreichend Badewasser versorgt) und viele Möglichkeiten, die Seele baumeln zu lassen. Der Hafen bietet sich an für schöne Spaziergänge. Von hier aus starten Fischkutter zu ihren Fangreisen und landen ihre »Beute« im Hafen an.

LÜTETSBURG

Der kleine Ort zwischen Norden und Hage sollte nicht unerwähnt bleiben, denn hier gibt es etwas, das Sie erstaunen wird. Einer der größten privaten, englischen Landschaftsgärten wartet auf ihren Besuch. Etwa 150 verschiedene Baumarten aus aller Welt schmücken den Park rund um das Wasserschloss. Auf 30 Hektar wachsen Rhododendren und eine Vielzahl von wunderschönen Pflanzen. Wasserläufe durchziehen den Park. Schon Theodor Fontane und Wilhelm Busch waren von der Anlage verzückt. Hier erhielten sie Inspirationen für ihre Werke. Das Schloss ist im Privatbesitz und wird von den Nachfahren eines ostfriesischen Häuptlingsgeschlechts bewohnt, der Familie zu Inn- und Knyphausen. Zum Park gehört seit wenigen Jahren eine Golfplatzanlage.

WITTMUND & JEVER

Zwischen Friesland und Ostfriesland

WITTMUND

Wittmund ist durch typisch ostfriesische Häuser, geschichtsträchtige Gebäude und zwei Galerieholländermühlen geprägt. 14 reizvolle Ortschaften bieten Möglichkeiten für einen erholsamen und erlebnisreichen Urlaub, auch in ländlicher Idylle. Natur pur und ostfriesische Wallheckenlandschaft gibt es auf gut ausgeschilderten Wegen zu entdecken. Und auch das berühmte Ostfriesen-Abitur kann hier gemacht werden.

Abendliche Stimmung am Kanal: eine Zeit, die Seele baumeln zu lassen.

In der Fußgängerzone von Wittmund wartet eine ganz besondere Attraktion auf die Besucher: Die Flaniermeile »Hands of Fame«. Nach dem Vorbild des »Walk of Fame« in Hollywood haben hier bekannte Persönlichkeiten aus Politik, Musik, Sport und Show ihren persönlichen Handabdruck samt Unterschrift auf einer Tonplatte hinterlassen.
In der Nähe des Marktplatzes – hinter dem Hotel Residenz – findet man den Wittmunder Schlosspark. Im Jahre 1461 stand Wittmund unter der Regentschaft des Häuptlings Siebet Attena, der im Südosten der Stadt ein Schloss bauen ließ. Friedrich der Große ließ das Schloss 1764 schleifen.
Etwas außerhalb, inmitten des Harlingerlandes, liegt in Ruhe und Beschaulichkeit das Warfendorf Funnix mit seiner 800 Jahre alten Backsteinkirche. Direkt gegenüber befindet sich als Gesamtkunstwerk der Skulpturengarten des Stahlplastikers Leo Wübbena. Der Skulpturengarten Funnix präsentiert während der Sommermonate neben dem Bestand der Sammlung namhafter Stahlbildhauer der zeitgenössischen Szene eine Kunstaustellung mit jährlich wechselnden internationalen Künstlern.

WILHELMSHAVEN

Wilhelmshaven – die Hafenstadt am Jadebusen – lädt mit ihrer maritimen Meile, dem großen Hafen mit der Kaiser-Wilhelm-Brücke und vielen Museen zu einem Spaziergang an der frischen Meeresluft ein. Entspannen kann man wunderbar am Südstrand mit seiner einzigartigen Promenade.
Die Stadt beheimatet Deutschlands größten Marinestützpunkt. Von ihrem Hafen starten auch Schiffe zur Hochseeinsel Helgoland.
Neben der neugotischen Kirche ist das eigenwillige Rathaus sehenswert, liebevoll wird das imposante Klinkerbauwerk »Burg am Meer« genannt. Kreiert wurde es von dem expressionistischen Architekten Fritz Högter im Jahr 1929. Vom 49 Meter hohen Rathausturm hat man einen eindrucksvollen Blick auf die Stadt.

Verschlungene Pfade, ellenlange Radwege und wunderschöne Alleen und Straßen finden Sie in Ostfriesland. Als Radfahrer werden Sie Steigungen nicht finden, dafür aber Wind, der meist von vorn kommt.

Die Stadt hat sich in den letzten Jahren herausgeputzt. Einst eine graue Stadt mit großem Marinestandort ist sie heute eine schmucke Küstenstadt mit vielen Sehenswürdigkeiten. Immer noch residiert die Deutsche Marine hier und unterhält einen der zentralen Stützpunkte in der Nordsee. Aber auch touristisch hat sich eine Menge getan. Die Innenstadt kommt modern und einkaufsfreundlich daher. Die Möglichkeiten, sich an den Stränden wohl zu fühlen, sind groß. Der Hafen hat mit dem neuen Tiefwasserhafen große Bedeutung erfahren. Riesen-Containerschiffe, die sonst nur Bremerhaven und Hamburg anlaufen, werden zukünftig in Wilhelmshaven ihre Waren löschen. Das alles lässt sich auch besichtigen, für diejenigen, die sich für Häfen und Schifffahrt interessieren. Am Südstrand ist man willkommen, wenn man die Seele baumeln lassen möchte. Der Strand und ein Bad im Jadebusen werden Sie begeistern. Hier fand im Jahr 2000 das maritime Pendant zur Expo-Ausstellung statt. Viele Museen sind immer noch hier. Auch das Deutsche Marinemuseum mit Großkampfschiffen wie dem Zerstörer MÖLDERS und einigen Einheiten – vom Schnellboot bis zum Unterseeboot. Das Küstenmuseum informiert über die Entstehung der Küste vor 12.000 Jahren, die Marinestadt und den modernen Tiefwasserhafen, den JadeWeserPort.

Foto: Stadt Jever

Das Schloss in Jever sollte bei keinem Stadtrundgang fehlen.

JEVER

Jever (Jefer ausgesprochen) hat mehr zu bieten als das gleichnamige friesisch-herbe Bier, welches wortwörtlich in aller Munde ist.
Eine historische und teilweise von alten Wallgräben umgebene Altstadt mit ihren maverwinkelten Gassen, das prächtige Schloss und zahlreiche kleine Geschäfte machen Jever zur vielleicht schönsten Einkaufsstadt Frieslands. Die Fußgängerzone beginnt im Westen der Stadtkirche, um die herum Dienstag- und Freitagvormittag der geschäftige Wochenmarkt schon allein einen Besuch wert ist. Belebter wird die Einkaufsmeile auf der östlichen Seite der Altstadt. Hier zieht sie sich vom Alten Markt durch die Neue Straße und die Schlachtstraße hinunter bis zu einem Platz, der Schlachte genannt wird. Bis zum Jahr 1870 befand sich dort der heute zugeschüttete Hafen, der Be- und Entladeplatz für Schiffe, also eine »Schlagde« war.

Die futuristisch anmutenden, 32 Meter hohen, glasverspiegelten Türme der landesweit bekannten ***Brauerei*** sind nicht zu übersehen. Seit 1848 wird hier der leckere Gerstensaft gebraut. Im historischen Brauereimuseum gewinnt man zunächst einen Eindruck von den Anfängen der hiesigen Braukunst, anschließend geht es in die moderne Produktionsstätte der Jever-Brauerei. In einer fachkundigen Führung (mit Verkostung) wird dem Besucher der gesamte Brauprozess erläutert – vom Sudhaus bis zur Flaschenabfüllung.

Das *Schloss zu Jever* ist wohl das markanteste Gebäude der Stadt. Es war im 14. Jahrhundert eine Festung, um deren massiven Bergfried im Laufe des 15. und 16. Jahrhunderts eine Vierseitenanlage errichtet wurde. Hier herrschte und lebte »Fräulein Maria« von Jever (1500–1575) ausgesprochen prunkvoll. Sie wird bis heute in der Stadt sehr verehrt, denn sie sorgte in ihrer jahrzehntelangen Amtszeit dafür, dass Jever im Jahr 1536 die Stadtrechte erhielt. Zudem förderte sie ganz massiv den Küstenschutz mittels Deichbau und vergrößerte durch Neueindeichungen die Fläche ihres Landes um immerhin ein Sechstel. Ihre Residenz, das Schloss, ist heute ein umfangreiches Museum. Nicht nur der Gobelinsaal mit flämischen Bildteppichen, die fürstliche Galerie und die Räume mit handbemalten Goldledertapeten sind prächtig, auch die aus Eichenholz geschnitzte Kassettendecke im Audienzsaal ist sicher einen Blick wert. Zu besichtigen gibt es ferner vieles, was zur regionalen Kulturgeschichte gehört. Auch an die kleinen Gäste ist gedacht, es werden Suchspiele mit der »Schlossratte Remmer« oder eine Schlossrallye angeboten. Von der 67 Meter hohen Plattform des Turmes hat man einen guten Ausblick auf die Stadt. Wer es beschaulicher mag, genießt den im englischen Stil angelegten Garten rund um das Schloss. Hier gibt es auch ein nettes Café.

Jever verlor in seiner Geschichte schon mindestens viermal seine Stadtkirche durch Brände, zuletzt 1959, ausgelöst durch eine achtlos weggeworfene Zigarette. Ersetzt wurde das mitten in der Altstadt gelegene Gotteshaus durch einen Neubau, der noch heute den nüchternen Charme der 1960er Jahre ausstrahlt. Vom Brand verschont blieben nur der freistehende Glockenturm und der 1556 erbaute kapellenartige Chor, in dem mit dem 1561–64 errichteten Edo-Wiemken-Denkmal ein überregional bedeutsamer Kunstschatz untergebracht ist. Fräulein Maria von Jever ließ dieses Prachtwerk niederländischer Renaissancekunst zum Gedenken an ihren Vater anfertigen. Das absolut sehenswerte Grabmal des letzten jeverschen Friesenhäuptlings besteht aus einem von Figuren getragenen Marmorsarkophag, über dem ein prunkvoller mehrstöckiger, achteckiger Holzbaldachin errichtet ist. Im erst 1902 vollendeten Glockenturm befindet sich ein »Eine-Welt-Laden« der Kirchengemeinde. Hoch oben im Turm hängt die schon 1461 gegossene Marienglocke. Bis

Urige Häuser prägen die Straßen und Wege der Dörfer.

heute erklingt sie täglich um 22 Uhr (im Winter 21 Uhr) und läutet den Jeveranern das Ende des Tages und den Beginn der Nachtruhe ein – ganz so, wie es einst die Regentin Maria von Jever angeordnet hatte.
Die Kirche ist täglich von 8 bis 18 Uhr geöffnet. Der Eine-Welt-Laden ist von Dienstag bis Samstag von 10 bis 12.30 Uhr, Mittwoch und Donnerstag auch von 16 bis 18 Uhr geöffnet.

Das barocke ***Wasserschloss Gödens*** ist mit seiner prachtvollen Fassade eines der beeindruckendsten Bauwerke Frieslands. Hier residieren standesgemäß die Grafen von Wede, und das schon seit Jahrhunderten. Ihr Landbesitz ist größer als manche Zivilgemeinde, insgesamt etwa 7.000 Hektar (in Niedersachsen und Schleswig-Holstein), davon rund 2.000 Hektar rund um Gödens. Das Schloss wurde ab 1671 im Stil der holländischen Renaissance errichtet, zwei Jahre nachdem ein Vorgängerbau abgebrannt war. Durch ein Tor aus dem Jahr 1653 gelangt man in den von einem Wassergraben umgegebenen Schlosspark mit altem Baumbestand. Dort steht an exponierter Stelle das zweiflügelige Schloss. Einen Blick ins barock ausgestattete Innere des Schlosses zu werfen, beispielsweise auf den Festsaal mit kunsthistorisch wertvollen Darstellungen der griechischen Sagenwelt, ist nur zu besonderen Anlässen möglich. Der Schlosspark ist täglich außer sonntags von 10 bis 18 Uhr frei zugänglich.

Auch der Winter hat in Ostfriesland einiges zu bieten – wie hier am Ems-Jade-Kanal.

DANGAST

Da Dangast auf einer Anhöhe liegt, ist kein Schutzdeich erforderlich – genau das ist einzigartig an der Küste. So genießt der Besucher vom Ort aus den weiten Blick auf die See, in diesem Fall den Jadebusen.

Der kleine Künstlerort gehört so überhaupt nicht zu Ostfriesland, doch seine herausstechende Bedeutung macht den Ort zu einem absoluten Ausflugsziel, wenn Sie nach Ostfriesland reisen möchten. Dangast ist auf jeden Fall ein Muss auf Ihrem Routenplan.
Alles wirkt beschaulich, ein Campingplatz bildet den Ortsmittelpunkt. Der Umstand, dass auch der Jadebusen stark von den Gezeiten abhängig ist, sorgt für eine besondere Atmosphäre. Weil in Dangast das hügelige Geestland und nicht die flache Marsch direkt bis an den Jadebusen heranreicht, gibt es hier – im Gegensatz zu den meisten Nordseebädern – einen schönen und natürlichen Sandstrand. Es herrschen also ideale Bedingungen für Familien, da Kinder relativ gefahrlos im flachen Wasser planschen können.

Am westlichen Ortsrand wird der zwei Kilometer lange Badestrand durch das Dangaster Tief begrenzt. Hier befindet sich der Sielhafen. Vor dem Krieg gehörten stolze 24 Kutter zur Dangaster Flotte, um 1950 waren es noch zwölf, heute dümpelt lediglich ein Kutter (aus Varel) im Hafen und verkauft frischen Granat an Gäste und Einheimische. Immerhin sorgen einige Segelboote und das Ausflugsschiff ETTA VON DANGAST für ein wenig Leben im kleinen Hafen. Auf der Deichnase an der Hafeneinfahrt steht ein Pegelhäuschen. Hier lässt sich der Tidenhub ablesen, der in Dangast stolze 3,70 Meter beträgt.
Der Ort verfügt über eine eigene Heilquelle. Das Jod-Sole-Wasser

Traumhaft schön ist der Sonnenuntergang an der Nordsee.

Ostfriesland ist auch bekannt für seine vielen Windräder. Bei Westerholt gibt es eine Windmühle, die man besteigen kann. Von einer Aussichtsplattform hat man einen wunderschönen Blick über ganz Ostfriesland (Bild).

wird aus einer 573 Meter tiefen Quelle geholt und speist das Quellbad, ein modernes Heil- und Erlebnisbad für die ganze Familie.

Kurhaus Dangast

Was Sie unbedingt tun sollten, ist ein Besuch im alten Kurhaus. Dieser Ort wird Sie verzaubern und Ihr Bild von Dangast in einem anderen Kontext erstrahlen lassen. Das Kurhaus ist kein Kurhaus im klassischen Sinne. Es ist Treffpunkt für Künstler und die, die den Abend am Wasser genießen möchten. Das Kurhaus ist Institution und Anlaufstelle für jegliche Art von Menschen. Hier sitzt die »FAZ« neben der »Bild«-Zeitung, und ihre Leser machen sich einen schönen Tag. Die Vielfalt an Menschen, die hier den Tag genießen, finden Sie nirgendwo. Dazu gibt es hausgemachten Rhabarberkuchen. Man kann viele Worte darüber verlieren, warum das Kurhaus so einzigartig ist. Wenn Sie einmal dagewesen sind, werden Sie den Ort lieben. Für seine Bemühungen, das alte Kurhaus zum Treffpunkt der Generationen und Kulturen zu machen, hat Gastwirt Karl-August Tapken das Bundesverdienstkreuz bekommen. Wenn Sie einmal dort waren, wissen Sie warum.

ESENS

Die kleine, 7.000 Einwohner zählende Stadt bietet rund um den Marktplatz eine Reihe schöner alter Giebelhäuser. Die St.-Magnus-Kirche ist mit ihrem Turmmuseum sicher ein Anziehungspunkt für Ihren Stadtrundgang. Vom Turm haben Sie einen klasse Blick über das platte Land. Dafür müssen Sie aber erst die 113 Stufen zum Glockenturm hinaufsteigen. Dafür können Sie aber auch bis zu den Inseln schauen. Im »Holarium« gibt es Sehenswertes aus heutiger Zeit: dreidimensionale Bilder im Hologramm-Stil mit erstaunlichen optischen Täuschungen (www.holarium.de). Im August-Gottschalk-Haus erfahren Sie etwas über das jüdische Leben und über die ehemalige Synagogengemeinde.

Türen, so wie vor Hunderten Jahren gebaut, sind vielerorts zu sehen und laden ein. Wer freundlich fragt, darf eintreten.

SEEHUND-AUFZUCHTSTATION

Raubtiere mit Kulleraugen

Mit viel Glück erspäht man Seehunde bei der Überfahrt von Norddeich zur Insel Norderney. Dann liegen sie bei Ebbe auf den Sandbänken und genießen die Sonne. Wer noch dichter an die Tiere heran möchte, sollte die Seehundstation in Norddeich besuchen. Die ganz kleinen Heuler genießen hier »betreutes Wohnen«. Die Fundtiere sind Waisen.
Durch natürliche oder menschliche Ursachen von der Mutter getrennt lagen sie am Strand und »heulten« – deshalb der Name. Ohne menschliche Hilfe wäre ihr Schicksal besiegelt. Über 50 Ehrenamtliche halten an den norddeutschen Küsten Ausschau nach den Tieren. In der Aufzuchtstation werden sie neun bis zehn Wochen aufgepäppelt, damit sie genug Fett und Muskulatur aufbauen können. Danach kommen sie wieder zu ihren Artgenossen.

HERING MACHT STARK

Seehundbabys bekommen anfangs täglich sechs Malzeiten aus Spezialmilch. Nach einer Woche wird die Nahrung auf Hering umgestellt. Davon verzehrt ein Jungtier zwei bis drei Kilogramm am Tag.
Interessierte können die Arbeit der Tierpfleger beobachten. Die seit 1971 bestehende Aufzuchtstation im niedersächsischen Norddeich besuchen jährlich 200.000 Menschen. 30 bis 80 verwaiste Tiere kommen hier in der Genuss der Vollpension.

Durch große Panoramafenster kann man die Raubtiere nebst Fütterung aus der Nähe beobachten.
Eine weitere Station befindet sich bei Friedrichskoog in Schleswig-Holstein. Dort sind pro Saison etwa 132 Tiere zu bestaunen.
Neben der Aufzucht von Jungtieren kontrollieren die Mitarbeiter der Stationen die Bestände auf den Sandbänken an der gesamten Küste und betreiben Seehundforschung. In Norddeich ist das »Waloseum« der Station angeschlossen. Zu sehen gibt es das Skelett eines 15 Meter langen Pottwals, der vor einigen Jahren an der Insel Norderney gestrandet war. Eine Ausstellung zeigt die Entwicklungsgeschichte dieser Meeresbewohner, die in der Zeit der Dinosaurier begann. In einem Modell wird realistisch die Entstehung von Ebbe und Flut simuliert.

Foto: Seehund-Aufzuchtstation Norddeich

KÜSTE & SIELE

Urlaub am Wasser – wunderschön

In der Mitte Ostfrieslands, direkt an der Nordseeküste, liegt die Feriengemeinde Dornum mit dem Nordseebad Dornumersiel, dem Küstenbadeort Neßmersiel und der Herrlichkeit Dornum. Zwei weiße Strände, grüne Deiche, die sich am weiten Horizont erstrecken, und eine von Ebbe und Flut geprägte Natur – das Dornumerland ist ideal für einen Nordseeurlaub und bietet ein Meer von Möglichkeiten: Fahrrad fahren, wattwandern, schwimmen, surfen – zu zweit, mit der Familie, während einer Kur oder im Wellness-Urlaub.

Mit maritimem Flair und lebendiger Fischertradition zeigt sich das muntere Nordseebad Dornumersiel mit seinem Kutter- und Yachthafen mitten am Wattenmeer. Auch ist hier das erste Kindernationalparkhaus Deutschlands beheimatet. Kleine und große Gäste können an interaktiven Spielmodulen den Lebensraum Wattenmeer spielerisch erfahren und erforschen

Lichtspiele an der Nordsee

Wer es ruhiger angehen lassen, die gesunde Seite der Nordsee kennenlernen möchte, ist im Therapie- und Wohlfühlzentrum gut aufgehoben.

ESENS-BENSERSIEL

Im Nordseeheilbad Esens-Bensersiel kann man sich wie auf einer Insel fühlen – ohne die von der restlichen Welt abgeschnittene »Insellage«. Es gibt alles, was ein Eiland zu bieten hat: Strand, Meer, Deiche und sogar Schafe. Viele bunte Segelboote säumen von Frühjahr bis Herbst die Stege im Hafen von Bensersiel und bieten das perfekte Postkartenmotiv. Wer eine Abwechslung vom maritimen Leben sucht, findet sie in der Kleinstadt Esens – mit ihren beschaulichen Geschäften, Restaurants, Cafés, kulturellen Veranstaltungen und den bunten Bären.

NEUHARLINGERSIEL

Neuharlingersiel liegt auf der ostfriesischen Halbinsel direkt an der Nordsee. Herzstück des 300 Jahre alten Fischerdorfes ist der Hafen mit seiner aktiven Krabbenkutterflotte.

An vielen Stellen in Ostfriesland gibt es »Paddel & Pedal«-Stationen für kombinierte Fahrrad- und Bootstouren.

In idyllischer Atmosphäre beobachten Besucher die aufs Meer fahrenden Kutter und trinken einen würzig-süßen Ostfriesentee oder ein friesisch herbes Bier. Im »BadeWerk« Neuharlingersiel erleben die Gäste Wellness im absoluten Einklang mit der Natur – sowohl unter architektonischen Gesichtspunkten als auch bei ihren Anwendungen. Neben der großen Saunalandschaft und dem 30 Grad warmen Meerwasser-Hallenbad wartet ein Wellnessbereich mit Thalasso-Angeboten auf die Besucher.

HORUMERSIEL UND SCHILLIG

Der besonderen geografischen »Halbinsellage« verdankt Horumersiel-Schillig das maritime Reizklima und den wunderschönen langen Strand.
Die Vielfalt des Wangerlandes zeigt sich in den zahlreichen Einrichtungen für Gesundheit, Kuren (»Wangerland Reha«) und Wellness von Horumersiel-Schillig. Alle vier namhaften Wangerländer Ferienorte tragen übrigens Prädikate offizieller Wertschätzung. Horumersiel-Schillig ist Nordseeheilbad und verfügt über nahezu alle Einrichtungen, die der Gast von einem modernen Urlaubsort erwartet: ein umfassendes Veranstaltungsangebot, Kur- und Wellnesseinrichtungen, ein Kinderspielhaus, eine Bücherei, Gästebetten in den verschiedensten Kategorien sowie eine leistungsstarke Gastronomie.
Einer der größten Campingplätze Deutschlands rundet das Angebot ab.

Das Wattenmeer von oben. Die Nordsee verjüngt sich in zahllose kleine Priele und Bäche.

Mit kleinen Booten fahren Fischer zu ihren Reusen und Stellnetzen im Wattenmeer.

CAROLINENSIEL

Das Nordseebad mit den drei Häfen: Im Ortskern von Carolinensiel liegt der »Alte Hafen«, auch Museumshafen genannt, mit den historischen Plattboden-Seglern. Attraktion im Winter ist der schwimmende Weihnachtsbaum und zur Jahreswende das Winterfest zwischen den Feiertagen. Im benachbarten Yachthafen sind Segelschiffe und Motorboote beheimatet. Über den Deich am Sieltor geht es in den Außenhafen. Von hier aus nehmen die Krabbenkutter Kurs auf die Nordsee, und auch die Ausflugsschiffe zu den Seehundbänken legen hier ab. Modern ist das Kurzentrum »Cliner Quelle« mit Schwimmbad, Wellness- und Saunalandschaft. Das selbst gewählte Motto passt: Carolinensiel bewegt sich.

FISCHER AUF SEE

Mit den Krabbenfischern unterwegs

Ein guter Tag zum Fischen. Klaus Ites schaut zum Himmel, zieht an seiner Zigarette und nickt dem Schiffsjungen zu. Wenig später zieht der Fischkutter HEIKE am Molenkopf des Norderneyer Hafens vorbei. Beide hoffen, dass sie heute dem Meer einige Krabben entlocken können. Wenn alles gut geht, sind sie am späten Abend wieder zurück.

Das Meer vor den Ostfriesischen Inseln meint es heute gut. Die Sonne scheint zwischen den Wolken hindurch, Wind kommt mäßig aus Nordwest. Reiner Harms ist Schiffsjunge an Bord, eigentlich Fischer in der Ausbildung. Gerade hat er den Kessel mit frischem Seewasser gefüllt. Wenn das erste Netz hochgeholt wird, kommen die frischen Krabben dort hinein und werden gekocht.

DAS ERSTE NETZ IST DRAUSSEN

Das Netz ist draußen, der kleine Kutter zieht es über den Grund, dort wo die Krustentiere sind. Der Preis für Granat ist stabil, wenn die Netze voll sind, haben beide ihr Auskommen. Das war nicht immer so. Oftmals mussten sie und ihre Kollegen dafür kämpfen, dass sich der Krabbenfang an der Nordseeküste lohnt.

Das erste Netz an diesem Tag ist oben. Ites ist zufrieden, in seinem furchigen Gesicht ist der Hauch eines Lächelns zu erkennen. Der Fischer ist Seemann in dritter Generation. Sein Vater und auch schon sein Opa hat es auf das Meer gezogen. Anfangs mit Holzkuttern unter Segeln. Die HEIKE hat schon ein paar Jahre auf dem Buckel, Ites Vater hat sie ihm vererbt.

SIE HABEN ES AUF KRABBEN ABGESEHEN

Mit einem großen Sieb rührt Reiner Harms die Krabben im kochenden Wasser um. Nur ein paar Minuten, dann sind sie fertig gekocht. In Kisten verpackt werden sie

von einem holländischen Importeur abgeholt. Der fährt sie zum Pulen nach Marokko. Das ist billiger als in Deutschland. Nach einer Woche kommen sie zurück und werden in Supermärkten verkauft.
Frisch gepult schmecken sie am besten: »Lecker«, sagt Harms. Hinter dem Kutter folgt ein Schwarm Möwen. Sie haben es auf den Beifang abgesehen. Kleine Plattfische, Krebse und ein paar Heringe, die über Bord gehen. Die Sonne an diesem Herbsttag steht schon tief, ihr Licht spiegelt sich im Wasser. In der Ferne sind zwei weitere Kutter zu sehen. »Heinz, wie läuft's«, erkundigt sich der Kapitän bei seinem Kollegen. Auch er hat volle Netze, es ist ein guter Tag.

OFTMALS GAMMELFAHRT, DANN SIND DIE NETZE LEER

Das ist eher selten: Manchmal sind die Netze leer oder sie kriegen nur ein paar Kisten der Delikatessen zusammen. Dann lohnt sich das Fischen nicht. »Ich bin zufrieden«, sagt Ites wortkarg. Der Fischer redet nicht viel. Seine Sätze sind kurz und werden durch die Lippen hindurch gequetscht, zwischen denen meist eine Selbstgedrehte klemmt. Auch das dritte Netz ist üppig gefüllt. Beide haben nun alle Hände voll zu tun, um die Krustentiere zu kochen und in die roten Kisten zu verpacken. Gesprochen wird wenig, die Handgriffe sitzen, auf See verliert man nicht viele Worte.

Reiner Harms stammt ebenfalls aus einer Seefahrerfamilie. Sein Vater ist Kapitän auf einer Inselfähre. Irgendwann will er einen eigenen Kutter haben, »das ist mein Traum«, sagt der 20-Jährige. In einem Jahr ist Prüfung. Wenn alles gut geht, bleibt er noch ein paar Jahre an Bord. Was dann kommt, weiß er noch nicht. »Mal sehen«, sagt der Kapitän. Fischer haben eine lange Tradition an der Küste, sie können gut von ihren Fangreisen leben, wenn die Quote ihnen keinen Strich durch die Rechnung macht. Die Bestände haben sich in den letzten Jahren erholt, es scheint, dass sie auch weiterhin ihr Auskommen mit der Fischerei haben, erkklärt Ites. Am Hafen wartet schon der holländische Kühllaster. Die 20 Kisten sind schnell verstaut. Und da ist das Grinsen wieder auf dem Gesicht des Kapitäns. Es war ein guter Tag. Die Kasse stimmt, morgen ist Sonntag, da fahren sie nicht raus.

PLATTDEUTSCH

für Landratten

Plattdeutsch ist nicht nur eine Sprache, sondern ein Lebensgefühl. Und das nicht nur an der ostfriesischen Küste, aber dort ganz besonders. Einige Kostproben:

Baadbüx Badehose
Blarrbeck Heulsuse
Dieskopp Dickschädel
Döntjes Lustige Geschichen
»He lücht« Er lügt, der Inbegriff für die Erklärungen bei Hafenrundfahrten, die nicht immer der Wahrheit entsprechen müssen
»Kumm mi net an de witte farf« »Komm mir nicht nich an die weiße Farbe.« Ein Synonym für »Lass mich zufrieden« oder »Kümmer dich um deine Dinge«. Ursprung aus der Seefahrt. Der Bootmann, der Angst um seine frische Farbe hat
Wrantepott Ein Ort bei Emden. Doch eigentlich hieß er »France Depot« im Zweiten Weltkrieg. Die Ostfriesen haben ihre eigene Art dafür gefunden
»daddeldu« Heißt so viel wie »nu ist es fertig« aus dem Englischen abgeleitet für: »that i'll do«, ich habe fertig
Elfürtje Die legendäre Teepause in Ostfriesland oder auch **»pfoftime«**
Fleitjepiepen Da wird nichts von
»klei di an'n mors« Geh, wo der Pfeffer wächst
se to Sieh zu
Quarkbüdel Quarkbeutel oder auch **Quark mors**, ein Schnacker
Smuttje Schiffskoch, oder auch abfällig für jemanden, der wenig kann
Wiesnöös Neugieriger Mensch
Klunthack Stolpervogel, ungeschickt
Harrijasses Ausdruck der Anerkennung
Isenbohn-dwarsbalken-up-un-dooldreier Schrankenwärter
Kloogschieter Klugscheißer
Klappreekner Laptop
Beten scheev hett Gott leev Es muss nicht immer alles gerade sein
Elk sien Möög Jedem das seine
Elk sien Pläseer Jedem seinen Spaß
Heel wat moi Ganz besonders schön
Holl di / Holl die munter Mach es gut
ik wull di wat Ich komm dir da gleich hin (wenn du nicht lieb bist)
Schietwaark Keine guten Aussichten
plünn Nichts Gutes
Plünnepuppen Nichts von hohem Stellenwert
Schietbüx Hosenscheißer
Düwelswaark Teufelswerk
Natnös Naseweiß, nasse Nase
watn waark Ausdruck für nichts Hochwertiges
dat is reef Das ist besonders gut
Dwarsmors Unzufriedener Mensch
nümich Niedlich
dat lett Das sieht gut aus
lecker wicht Süßes Mädchen
verkollen Erkältet
tipto tipto Langsam an
hol di bliid Halte dich gesund
schkutt Ausdruck für nichts Gutes
»La Paloma« fleiten Gute Zeit machen
kumm gaud to slap Komm gut ins Bett
Schnarrbüx Quasselstrippe
Pepernöten Pfeffernüsse
een süttje Ein bisschen
Wulkje/ Kluntje Die Wolke aus Sahne im Ostfriesentee und das Kandiszuckerstück
Schietweer Scheißwetter
Leckerbeck Weiß, was gut ist
Labberlüül Faulpelz

PERSÖNLICHKEITEN

aus Ostfriesland

Foto: Wolfgang Petersen/DFB/Funke

Ostfriesisches Urgestein: Wolfgang Petersen, Tamme Hanken, Hans-Wilhelm Müller-Wohlfahrt

Die aus Emden stammenden Komiker ***Otto Waalkes und Karl Dall*** sind über die Grenzen des Landes bekannt. Der international berühmte Regisseur ***Wolfgang Petersen*** stammt eben falls aus Emden (»Das Boot«). In Leer wuchs der Frontmann der Techno-Band ***»Scooter«, HP Baxxter,*** als Hans-Peter Geerdes auf. In den Bands von Joe Cocker und Udo Lindenberg spielt Gitarrist ***Carl Carlton (alias Karl Buskohl)***, der aus Ihrhove/Leer stammt. »Stern«-Gründer und Kunsthallen-Stifter (Emden) ***Henri Nannen*** lebte bis zuletzt in seiner Heimatstadt. Der Fernsehjournalist und ARD-Korrespondent in Paris, ***Heiko Engelkes***, wurde in Norden geboren. Vorzeige-Ostfriese und »Pferdepfüsterer« ***Tamme Hanken*** hilft in der NDR-Fernsehserie mit begnadeten Händen Tieren bei Knochenerkrankungen (Leer). Um die Knochen der Fußballprofis von Bayern München sorgt sich ***Hans-Wilhelm Müller-Wohlfahrt***, der aus Leerhafe (Norden) stammt. Der ehemalige Wehrbeauftragte des Bundestages, ***Reinhold Robbe (SPD),*** stammt aus Bunde. Aus Upgant-Schott (bei Norden) stammt Ex-Werder-Bremen-Kicker ***Dieter Eilts***. Der Norderneyer ***Bernd Flessner*** ist mit 14 deutschen Meistertiteln Deutschlands bester Windsurfer. Damen-Box-Weltmeisterin ***Heidi Hartmann*** stammt aus Emden, ebenso wie Leichtathletin ***Silvia Rieger*** und Fußball-Nationalspieler ***Ferydoon Zandi.*** Sein Unwesen soll im 14. Jahrhunder Seeräuber ***Klaus Störtebeker*** in Marienhafe getrieben haben. Dort suchte er – der Geschichte nach – Unterschlupf vor seinen Jägern. Altbundeskanzler ***Gerhard Schröder*** wohnt zeitweise auf Borkum. Eine seiner vier Ehefrauen stammt aus Emden. Die Bundespräsidenten ***Christian Wulff*** und ***Johannes Rau*** machten gerne Urlaub auf Norderney und Spiekeroog. Bekannt für seine maritime Kunst ist ***Ole West***, der auf Norderney seine Inspirationen sammelt.

FESTE & EVENTS

April

Jazzfestival Spiegeroog
www.skiekeroog.de

Mai

Püntesaison Wiltshausen
Handgezogene Fähre über die Jümme. Saisonstart 1.5.

Krummhörner Orgelfrühling
Internationale Künstler auf der Kirchenorgel.
www.greetsiel.de

Dornumer Kammermusiktage
In Kirchen und Wasserschloss Klassik.
www.dornum.de

Borkumer Jagdreitwoche
www.borkumer-reiterverein.de

Norddeicher Drachen- und Windspielfest
www.drachenfest-norddeich.de

Himmelfahrt

Juister Musikfestival
20 Bands auf 15 Bühnen.
www.juist.de

Pfingsten

Borkumer Jazztage
www.borkumerjazztage.de

White-Sands-Festival, Norderney
www.whitesandsfestival.de

Juni

Emder Matjestage
www.emden.de
www.matjestage.de

Filmfest Emden-Norderney
www.filmfest-emden.de

Schlosskonzerte Jever
www.schloss-museum.de

Auch ein Event, wenn Komiker Otto Waalkes seiner Heimatstadt einen Besuch abstattet.

Juli

Wochenende an der Jade, Wilhelmshaven
www.wochenendeanderjade.de

Emder Delft- und Hafenfest
www.emden.de.

Hooksieler Renntage
www.hooksieler-rennverein.de

Schlickschlittenmeisterschaft in Upleward
www.greetsiel.de

Oldenburger Landturnier
Reitsport in Rastedt.
www.reitverein-rastede.de

Musikalischer Sommer
www.musikalischer-sommer.de

August

Wattensail Carolinensiel
www.carolinensiel.de
www.harlesiel.de

Altstadtfest Jever
www.stadt-jever.de

September

Wiesmoorer Blütenfest
www.wiesmoor.de

Oktober

JadeWeserPort-Cup Regatta
www.jadeweserportcup.de

Zugvogeltage im Nationalpark
www.zugvogeltage.de

Gallimarkt in Leer Volksfest
www.leer.de
www.gallimarkt.net.

Wangerooger Musiktage
Klassik, Jazz.
www.wangerooger-musiktage.de

November

Ostfriesische Krimitage
40 Lesungen.
www.krimitage.de

OSTFRIESLAND IM NETZ

Nützliches und Buchungen

Aurich
www.aurich.de
www.baalje.de (Spaßbad)
www.klettermax.de (Kletterwald)

Brookmerland
Zimmervermittlung Störtebekerland
Tel. 04931/9383730
Webseite www.stoertebekerland.de

Emden
www.kunsthalle-emden.de
www.landesmuseum-emden.de
www.jalb.de (Johannes a Lasco Bibliothek)
www.ottifant.de (Otto Huus)
www.besucherdienst.volkswagen.de (Volkswagenwerk)
www.bunkermuseum.de
www.nfg-emden.de (Naturforschende Gesellschaft)
Tourismus: www.emden.de

Hinte
www.hinte.de
www.kirche-suurhusen.de (Schiefer Turm)

Ihlow
www.ihlow-tourismus.de
www.kloster-ihlow.de

Jever
www.stadt-jever.de
www.schlossmuseum.de
www.schloss-goedens.de

Großefehn
www.grossefehn-tourismus.de
www.grossefehn.de

Timmel
www.timmel.net

Krummhörn/Greetsiel
Touristik GmbH Krummhörn Greetsiel
Zur Hauener Hooge 15
26736 Krummhörn-Greetsiel
Tel: 04926/91880
E-Mail: info@greetsiel.de
www.greetsiel.de
www.osterburg-groothusen.de

Leer
www.leer.de
www.schipperklottje.de
www.leeraner-miniaturland.de

Moormerland
www.moormerland.de
www.moormerland-tourismus.de

Norden/Norddeich
www.norddeich.de
www.norden.de
www.norden-ludgeri.de
www.teemuseum.de
www.krimikueste.de
www.norddeich.de

Südbrookmerland
www.grossesmeer.de

Wiesmoor
www.wiesmoor.de
www.torf-und-siedlungsmuseum.de

Wilhelmshaven
www.wilhelmshaven-touristik.de
www.wilhelmshaven.de

Wittmund
www.wittmund.de
www.hands-of-fame.com
www.skulpturengarten-funnix.de

Baltrum
www.baltrum.de oder www.zimmervermittlung-baltrum.de
www.nationalparkhaus-wattenmeer.de/baltrum.

Borkum
www.borkum.de

Juist
www.juist.de
www.nationalparkhaus-juist.de

Langeoog
www.langeoog.de
www.langeooger-wasserturm.de
www.regenpfeifertouren.de

Norderney
www.norderney.de
www.museum-norderney.de

Spiekeroog
www.spiekeroog.de
www.wittbuelten.de

Wangerooge
www.westturm.de
www.wangerooge.de

Carolinensiel
www.carolinensiel.de

Dangast
www.dangast.de
www.kurhausdangast.de

Dornum/Neßmersiel
www.dornum.de.
www.dornumerland.de

Bensersiel
www.bensersiel.de

Neuharlingersiel
www.neuharlingersiel.de

Esens
www.esens.de

Wittmund
www.wittmund.de
www.wangerland.de

Gesamt
www.ostfriesland.de
www.nordsee.de